Chargesheimer

CHARGESHEIMER
FOTOGRAFIERT JAZZ
KÖLN 1950–1970

Chargesheimer
Selbstporträt mit
Hut und Kamera,
Köln, undatiert

EVELYN BERTRAM-NEUNZIG

CHARGESHEIMER
FOTOGRAFIERT JAZZ
KÖLN 1950–1970

HERAUSGEGEBEN VOM
RHEINISCHEN BILDARCHIV KÖLN

emons:

Bei den Chargesheimer-Abbildungen im vorliegenden Band handelt es sich vorwiegend um Mittelformatnegative (6 × 6, 6 × 9) oder Negativstreifen, die als Negativ oder Positiv gezeigt werden.

Chargesheimers Vintage Prints, seine originalen Kontaktbögen und im Rheinischen Bildarchiv didaktisch bearbeitete Chargesheimer-Negative werden in den Bildunterschriften extra benannt, genauso wie einige Aufnahmen weiterer Fotografen.

Karl Sanner
Schlagzeuger,
Köln, 1954

Chet Baker
im Börsensaal in Köln, 1955

Bari
Just you . . .

Caterina Valente mit Musikern des Orchesters Kurt Edelhagen
bei einer Konzertprobe in Hamburg, 1957/58

Ella Fitzgerald
im Gürzenich in Köln, 1957

GRUSSWORT
STADT KÖLN

STEFAN CHARLES, BEIGEORDNETER FÜR KUNST
UND KULTUR DER STADT KÖLN

Das Rheinische Bildarchiv feiert seinen Einzug in die neuen Räumlichkeiten am Eifelwall mit einer Ausstellung, die Kölns Kunst und Kultur facettenreich repräsentiert. Einer der herausragenden Vertreter der deutschen Fotografie der Nachkriegszeit, Chargesheimer, hat mit seiner Kunst der suggestiven Schwarz-Weiß-Fotografie sensible Porträts von Musikkünstlern geschaffen. Seine Aufnahmen zeigen Bands und Ensembles der Jazz-Avantgarde, die in Köln ein enthusiastisches Publikum fanden. An die so dokumentierten Konzertereignisse können sich gewiss noch viele Kölnerinnen und Kölner erinnern. Darüber hinaus lassen die Bilder Atmosphäre und inzwischen vergangene Räume jener Jahre lebendig werden und damit eine Epoche des Aufbruchs in Wirtschaft, Gesellschaft und Kunst.

Köln ist eine Stadt der Fotografie, in der seit der Erfindung der Daguerreotypie stets engagierte Fotografinnen und Fotografen wirkten, die diese Stadt und ihre Menschen als Motive immer wieder neu entdeckten, wie etwa August Kreyenkamp oder August Sander.

Jahrzehntelang wirkte die Photokina-Messe als Magnet für Freunde des Mediums aus ganz Deutschland und darüber hinaus. Und heute findet hier alle zwei Jahre das Photoszene-Festival zur Förderung der künstlerischen Fotografie statt. In Köln liegt auch der Sitz der Deutschen Gesellschaft für Photographie.

Die Stadt Köln ist sich ihrer Verpflichtung zur Bewahrung ihres wertvollen fotografischen Erbes bewusst und hat im Neubau für das Historische Archiv und Rheinische Bildarchiv beispielhafte technische und archivische Voraussetzungen dafür geschaffen.

Das Rheinische Bildarchiv verfügt im neuen Archiv am Eifelwall nicht nur über optimale konservatorische Bedingungen und einen neuen Ausstellungsort, sondern auch über einen Lesesaal, der zu wissenschaftlichem Arbeiten, Recherchen, der Verwirklichung eigener Projekte und zur Anwendung vielfältigster Methoden bei der Befragung der Bildarchivbestände einlädt.

Zu den wesentlichen Aufgaben des Rheinischen Bildarchivs gehören die Bewahrung fotografischer Schätze, ihre Erschließung, Dokumentation und Präsentation. Dies tut das Rheinische Bildarchiv zum Beispiel in hervorragender Weise mit der Forschung über Chargesheimer und insbesondere mit der Ausstellung zu Chargesheimer und diesem Bildband.

Ich wünsche Ihnen bei der Betrachtung dieser unvergesslichen Bilder aus vergangenen Tagen der Kölner Kulturszene viel Vergnügen.

Chargesheimer
Selbstporträt am Klavier,
Köln, um 1961

Film 3603
Film 3603
Film 3603
Everplay
EXTRA

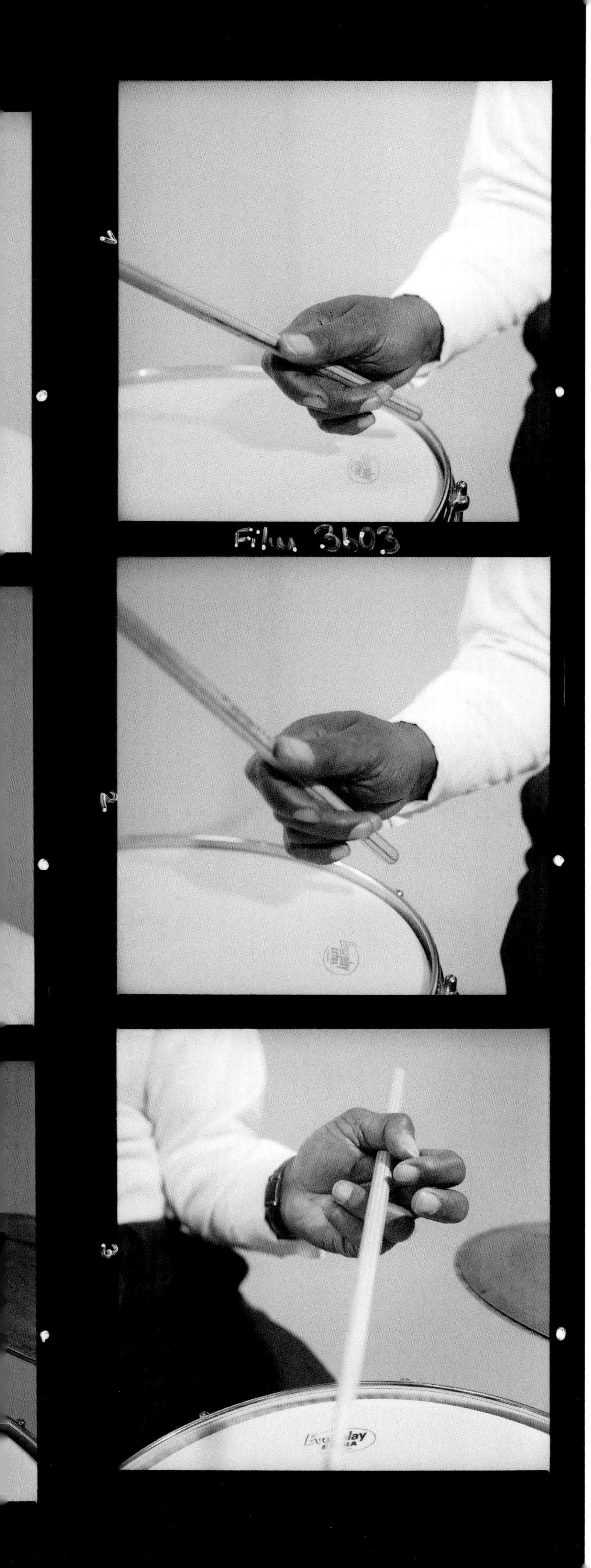

Kenny Clarke
Studioaufnahmen, Köln, um 1961

DER CHARGESHEIMER-NACHLASS IM RHEINISCHEN BILDARCHIV

JOHANNA GUMMLICH

Das Rheinische Bildarchiv verwahrt seit 2003 das Negativarchiv von Karl-Heinz Hargesheimer (1924–1971), der sich selbst 1948 den Künstlernamen Chargesheimer gab, und verantwortet seitdem die Erhaltung der Substanz und möglichst aller darin verborgenen wissenschaftlich auswertbaren Hinweise.

Fotos sind weit überwiegend Massenware; nur ausgewählte Fotografien werden als Kunstwerke anerkannt. Zwischen »Knipsbild« und »Kunst« liegt die große Spannbreite der Bewertung durch Kultureinrichtungen, Kunsthandel und Öffentlichkeit. So entsteht ein Dilemma für die Archivierung und Verfügbarmachung von Fotografie, das neben der Frage nach der ästhetischen Qualität historische, technische, konservatorische und personelle Aspekte betrifft: Was ist »wichtig«, was ist zu bewahren, was rechtfertigt den konservatorischen Aufwand?

Anhand des Nachlasses von Chargesheimer lässt sich modellhaft demonstrieren, wie ein Fotografenbestand mit einer Vielfalt methodischer Herangehensweisen analysiert werden kann. Dies führte im Fall von Chargesheimers Jazz-Aufnahmen zu beachtlichen neuen Erkenntnissen. Der Nachlass bietet verschiedene Möglichkeiten der Auswertung, die unterschiedliche Vorgehensweisen erfordern, um sie verantwortungsvoll und unter Berücksichtigung der medialen Aussagekraft auszuwerten und der Öffentlichkeit zu vermitteln: Die Fotos lassen sich als Kunstwerke der Schwarz-Weiß-Fotografie, als subtil psychologisierende Porträtkunst, als Dokumentation des Musiklebens in der Nachkriegszeit und als Beitrag zur Kölner Kulturgeschichte begreifen.

Die 47 Schuhkartons, in denen Chargesheimers Negativarchiv aufbewahrt war
Foto: Rheinisches Bildarchiv Köln/Marc Weber

DAS ROHMATERIAL

Zugleich sind Umsicht und wissenschaftliche Transparenz beim Umgang mit dem Werk eines Fotografen geboten, dessen autorisierte fotografische »Endprodukte« das Ergebnis einer strengen Auswahl aus Aufnahmeserien, einer stark in das Erscheinungsbild eingreifenden Dunkelkammerarbeit und schließlich präzisen Anweisungen für beispielsweise seine Fotobücher bilden. Reinhold Mißelbeck beschrieb schon 1983 im Ausstellungskatalog »Chargesheimer. Photographien 1949–1970« die »konzentrierte Orientierung seines photographischen Schaffens auf die Buchprojekte« und konstatierte: »Ein weiter Weg vom Negativ zum Bild, ein Prozess, bei dem die Dunkelkammerarbeit wenigstens so viel Gewicht hat wie die Motivsuche.«

Wie darf oder soll ein Bildarchiv in einem solchen Fall mit dem »Rohmaterial« Originalnegativ umgehen, zu dem jedes Zeugnis für den weiteren Umgang fehlt – außer einer vagen Absichtserklärung für ein Buchprojekt in einer Fußnote?

Die Stadt Köln kaufte im Juli 1978 (auf Initiative von L. Fritz Gruber) von den Eheleuten Fritz und Ingeborg Redlin deren »Sammlung Chargesheimer«, bestehend aus Fotografien, Filmen, Zeitungsausschnitten und Büchern. Die Eheleute Redlin waren die Eltern der Grafikerin Annemarie Redlin (1940–1971), mit der Chargesheimer in zweiter Ehe (1963) verheiratet war, und damit rechtmäßige Erben und Eigentümer des Nachlasses. Sie übertrugen der Stadt Köln im Kaufvertrag die uneingeschränkten Nutzungsrechte an sämtlichen Fotos (Positiven und Negativen).

Zum Kaufvertrag gehörte eine thematisch sortierte Bestandsliste, die von Dieter Ronte, dem damaligen Leiter der Grafischen Sammlung im Museum Ludwig, im Vorfeld des Ankaufs erstellt worden war. In der Liste weisen Namensnennungen unter »Porträts (Armstrong, Brandt, Fitzgerald, Theaterleute, Kölner Bürger etc.)« auf Fotografien zur Thematik des Jazz hin.

CHARGESHEIMERS NEGATIVE VERLIESSEN SEINE SCHWUNGVOLL BESCHRIFTETEN SCHUHKARTONS UND MAPPEN UND FANDEN IHREN PLATZ IN ARCHIVSCHRÄNKEN IM RBA-MAGAZIN.

DIE SAMMLUNGSGESCHICHTE

Ronte war wohl nur teilweise von der Fülle des unsortierten Chargesheimer-Nachlasses angetan. Er schlug schon im Verlauf des Ankaufsprozesses die Aufteilung des Bestands auf Museum Ludwig, Rheinisches Bildarchiv und Historisches Archiv vor. Dem Rheinischen Bildarchiv (RBA) ordnete er dabei die Negative zu. 1982/83 inventarisierte Reinhold Mißelbeck die 2.641 Positive und rund 800 Kontaktbögen. Er kuratierte im Museum Ludwig die Ausstellungen »Chargesheimer. Photographien 1949–1970« (1983) und »Chargesheimer – persönlich« (1989); zur Ausstellung »Chargesheimer. Bohemien aus Köln« (2007), die Bodo von Dewitz kuratierte, gab das Museum Ludwig ein Portfolio mit zehn Fotografien heraus.

Im Mai 2002 initiierte die Chargesheimer-Gesellschaft/Förderung kritischer Kunst in Köln e. V. einen Projektantrag zur vollständigen Digitalisierung der Fotonegative von Chargesheimer. Aus dem von Robert von Zahn verfassten und von Kasper König für das Museum Ludwig sowie Gigi Campi für die Chargesheimer-Gesellschaft unterzeichneten Projektantrag geht hervor, dass die Negative der Sammlung Chargesheimer zu diesem Zeitpunkt noch unerschlossen waren. Das Museum Ludwig begrüßte das Projekt und griff den alten Vorschlag der Übertragung des Negativbestands in die Verwaltung des Rheinischen Bildarchivs auf. Der Museumsleiter Kasper König bestätigte 2003 formal die Übergabe, die er mit der Fachkompetenz und der Infrastruktur des Rheinischen Bildarchivs begründete. Die damalige RBA-Leiterin Roswitha Neu-Kock berichtete im Juni 2003 von der vollzogenen Übernahme des Negativbestands und nahm ihrerseits Kontakt zur Chargesheimer-Gesellschaft auf. Sie veranlasste Sortierung und Nummerierung der Negative durch die RBA-Fotografin Sabrina Walz im Rahmen eines Werkvertrags, der von der Chargesheimer-Gesellschaft finanziert wurde.

Nun erst verließen Chargesheimers Negative seine rudimentär, aber schwungvoll beschrifteten Schuhkartons und Mappen und fanden ihren Platz in Archivschränken im klimatisierten RBA-Magazin. Zudem stellte sich heraus, dass eine erste Schätzung auf etwa 40.000 Negative vermutlich zu niedrig angesetzt war. Chargesheimer pflegte nicht nur eine eher »intuitive« Sortierung seiner Negative, sondern nutzte auch viele Filmtaschen für mehr als einen Film. Erst wenn dieses Material nach sorgfältiger Prüfung und Übertragung aller Beschriftungen sortiert und einzeln erfasst ist, werden wir die Gesamtzahl der überlieferten Negative genauer kennen. Einige Aufschriften stammen laut dem Förderantrag der Chargesheimer-Gesellschaft

Aufbewahrung des Chargesheimer-Negativbestands im neuen Negativmagazin des Rheinischen Bildarchivs
Foto: Rheinisches Bildarchiv Köln/Marion Mennicken

von L. Fritz Gruber. Er hatte den Bestand nach Chargesheimers Tod durchgesehen und viele der Hüllen beschriftet, indem er stichwortartig den Betreff der ersten Streifen auf die Hülle schrieb. Erschließungsmaßnahmen oder Ordnungskriterien von Chargesheimer selbst sind für den Bestand nicht überliefert.

ERSCHLIESSUNG DES NACHLASSES

Die Akten zum Ankauf sprechen von einem »desolaten Zustand, sowohl der Positive wie der ungeordneten Negative« beim Eintreffen im Museum Ludwig. Die Negative waren noch im gleichen Zustand, als sie 2003 im RBA ankamen. Das 2002 initiierte Digitalisierungsprojekt wurde gestoppt, da sich die Digitalisierung der Negative als unzulänglich erwies und man außerdem erkannte, dass eine Digitalisierung auch das Erstellen von beschreibenden Metadaten erfordert, durch die eine Wiederauffindbarkeit der Bilddatei überhaupt erst garantiert wird. An die Stelle der frühen »Digitalisierungseuphorie« tritt inzwischen die zeitaufwendige, aber nachhaltige parallele Erstellung von Bild- und Metadaten.

Inzwischen sind gut 15.300 Chargesheimer-Negative erschlossen und in der RBA-Bilddatenbank nachgewiesen. Einen wichtigen Teil dieser Arbeit leistete Petra Scholz, die das RBA seit 2007 als fachkompetente Ehrenamtliche unter Anleitung der wissenschaftlichen Dokumentarin Evelyn Bertram-Neunzig unterstützt. Jedes analoge Negativ wurde identifiziert, beschrieben und möglichst einem von Chargesheimers Fotobuchprojekten zugeordnet, dann inventarisiert, konservatorisch versorgt und bei Bedarf umverpackt. Dabei wurden Beschriftungen der alten Hüllen in die Verbunddatenbank, die unter anderem Museum Ludwig und Rheinisches Bildarchiv kooperativ für die wissenschaftliche Dokumentation nutzen, übertragen, Kontexte zu Chargesheimers Fotobüchern und Projekten hergestellt und die Datensätze um Fachliteratur angereichert, sodass die Daten eine umfassende Grundlage für Wissenschaft und Forschung bieten könnten. Weitere Erkenntnisse könnte die noch ausstehende technische Analyse von Chargesheimers Filmmaterialien ergeben.

Ausstellungsdokumentation »Chargesheimer. Bohemien aus Köln. 1924–1971« mit ausgestellten Porträts von Chargesheimer (© Estate Charles E. Fraser), 29.09.2007–30.01.2008, Köln, Museum Ludwig, Photographische Sammlung
Foto: Rheinisches Bildarchiv Köln/Britta Schlier

DIGITALISIERUNG DER NEGATIVE

Die digitale Reproduktion eines Originalnegativs stellt immer eine Interpretation des Urbilds dar und kann aufgrund fehlender Materialität nie originalgetreue Wiedergabe sein. Die Entscheidung zugunsten der Digitalisierung von Originalnegativen wird gerechtfertigt durch die Möglichkeit, diese Negative als historische Quellen für die abgebildeten Ereignisse, Personen usw. auszuwerten und zudem die Motivfindung des Fotografen zu verfolgen. Das umfangreiche Konvolut »Jazz« in Chargesheimers Negativnachlass, das inzwischen 861 identifizierte Negative und 47 weitere Motive auf Kontaktabzügen umfasst, steht mitten im Spannungsfeld dieser Fragestellung.

Für die digitale Reproduktion wurden im Bewusstsein, dass der verantwortungsvolle Umgang mit Fotograf*innen-Nachlässen sowohl einer foto-ästhetischen Betrachtung als auch foto-dokumentarischer Wertschätzung bedarf, einheitliche und wiederholbare Prinzipien für die Digitalisierung der Originalnegative festgelegt. Die Digitalisierung der Negative und die nachfolgende digitale Bildbearbeitung erfolgten unter Berücksichtigung der Arbeitsstandards im (analogen) Fotolabor. Die Tonwerte von Weiß bis Schwarz sollen zum Informationserhalt möglichst umfangreich in der Datei und im Druck erhalten bleiben. Die Gradation (der Kontrast) wurde sensibel für einen optisch angenehmen Eindruck angehoben. Für die Reproduktion von Vintages (das sind die von Chargesheimer selbst verantworteten Original-Abzüge) gilt hingegen, dass Digitalisierung und Druck den Tonwertumfang und die Kontraste des originalen Abzugs oder Prints des Fotografen möglichst genau wiedergeben sollen.

Sortierung von Chargesheimers Negativbestand im RBA-Lesesaal am Kattenbug, 2004
Foto: Rheinisches Bildarchiv/Sabrina Walz

JAZZ-AUSSTELLUNG 2022

Die Idee einer Ausstellung über Chargesheimers Jazz-Fotografien entwickelte Evelyn Bertram-Neunzig. Sie griff einen Hinweis auf, demzufolge Chargesheimer und Joe Schevardo ein Fotobuch zum Jazz geplant hatten, zu dem es durch Chargesheimers Tod nicht mehr kam. Sie befragte den Bestand eingehend im Hinblick auf seine (foto-)archivische und historische Aussagekraft. Akribisch stellte sie Negative, Kontaktabzüge, Positive und Fotobücher vergleichend zusammen, ergänzte das Bildmaterial durch umfangreiche Quellenrecherchen bis hin zu Hüllen von Langspielplatten oder Werbezetteln und fügte die vielen Hinweise und Bildbelege zu einem schlüssigen Gesamtbild zusammen. So entstand die Grundlage der Ausstellung »Chargesheimer fotografiert Jazz« und der zugehörigen Publikation. Damit hob sie einen bisher unerkannten Schatz sowohl im Werk Chargesheimers als auch für die Geschichte des Jazz in Köln, wofür ihr großer Dank gebührt!

Der Chargesheimer-Kenner Bodo von Dewitz hat also Recht behalten. Er schloss 2007 seinen Beitrag »Chargesheimer. Bohemien aus Köln« im gleichnamigen Katalog mit dem Hinweis: »Dass dies dennoch nicht die letzte Publikation zu Chargesheimer bleiben wird, kann als warnendes Signal aus dem Text von Eusebius Wirdeier feinsinnig herausgelesen werden: Bislang beschäftigen wir uns mit den sichtbaren Zeugnissen der künstlerischen Arbeit, aber viele (oft lange verborgene) Quellen lassen darauf schließen, dass gerade, wenn sich der Eindruck festigt, man kenne Chargesheimer und sein Werk halbwegs und habe ihn ›im Griff‹, sich dies als Irrtum erweisen kann, denn bislang gänzlich unbekannte Spuren von ihm (oder Zeugnisse seines rastlosen Arbeitens) können vielleicht gerade in diesem Moment ganz woanders entdeckt und identifiziert werden.«

Das Rheinische Bildarchiv wird die Erschließung von Chargesheimers Negativ-Nachlass fortsetzen, sodass wir uns auf neue Überraschungen freuen dürfen!

Everplay EXTRA

Schlagzeugstudie
mit Kenny Clarke, Köln, um 1961

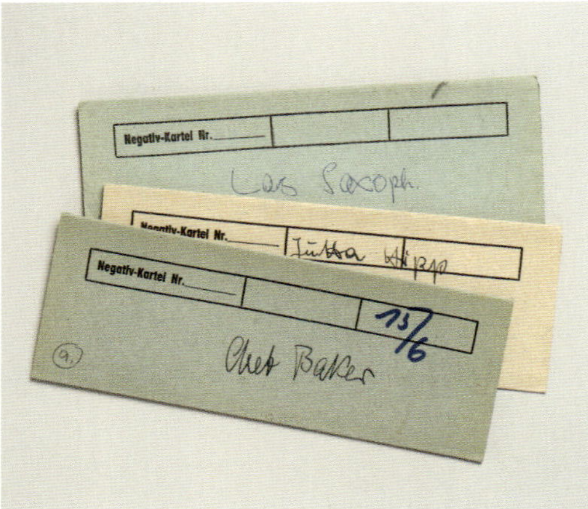

Negativtaschen aus dem Chargesheimer-Nachlass mit originalen Beschriftungen
Foto: Rheinisches Bildarchiv Köln/Marc Weber

SPANNUNGSBÖGEN – JAZZ IN KÖLN IM LICHT DER FOTOGRAFIEN CHARGESHEIMERS

EVELYN BERTRAM-NEUNZIG

Sechs Porträts von Jazzmusikern, abgezogen von Negativen aus Chargesheimers Nachlass – damit begann meine Auseinandersetzung im Rheinischen Bildarchiv mit Chargesheimers Jazzfotografien. Für die Jubiläumsausstellung »90 Jahre RBA« wurden diese Abzüge von der hauseigenen FotoMedienWerkstatt erstellt und 2016 erstmals der Öffentlichkeit präsentiert. Schnell wurde mir klar, dass ich auf ein Thema gestoßen war, das einer vertiefenden Beschäftigung bedurfte – denn unter den 40.000 Negativen aus dem Nachlass des Fotografen, die das Archiv beherbergt, lag weiteres unveröffentlichtes Material zum Thema Jazz in Köln. 2021 bot sich endlich die Chance, diese Negative für die Ausstellung »Chargesheimer fotografiert Jazz« und den vorliegenden Bildband aufzubereiten.

Zunächst ein schweres Unterfangen, da Chargesheimer keine Aufzeichnungen zu seinen Negativen hinterlassen hatte. Nur vereinzelt steht ein Musikername auf den Negativtaschen, eindeutige Bezeichnungen wie »Chet Baker« oder »Jutta Hipp«, die die Zuordnung der abgebildeten Personen und Aufnahmesituationen erleichtern, sind selten. Viele Negativfilme sind auseinandergeschnitten und willkürlich in den Taschen zusammengesteckt, eingeordnet in Rubriken wie »Theater«, »Porträts«, »Stadt«, »Allgemein«. Bei der Durchsicht aller Negative und originalen Kontaktabzüge fand ich insgesamt 908 Aufnahmen, die einen thematischen Bezug zur Kölner Jazzszene erkennen ließen. Sie zeigen Musiker in eindringlichen Porträts, Konzertauftritte internationaler Stars, Aufnahmestudios und Kölner Veranstaltungsorte. Wie wir heute wissen, entstanden diese Aufnahmen im Auftrag von Plattenlabels, dem WDR – und aus Chargesheimers ureigenem Interesse an Jazzveranstaltungen mit großartigen Musikern.

Johnny Fischer
Bassist, Köln, 1955

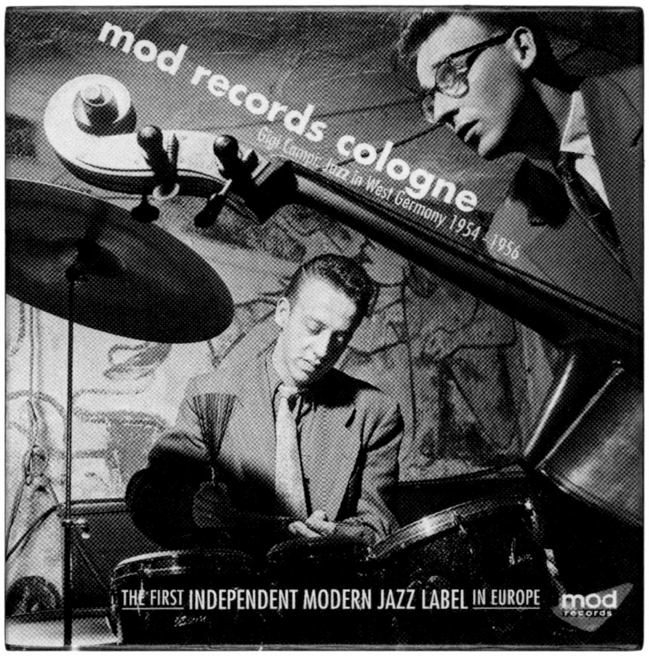

Cover der 2014 veröffentlichten Box »Mod Records Cologne – Gigi Campi: Jazz in West Germany 1954–1956«
Repro: Rheinisches Bildarchiv Köln

Da er in den meisten Fällen mehrere Aufnahmen von einem Motiv mit verschiedenen Belichtungen oder gering veränderten Standorten fertigte, schmolz der Motivkanon im Verlauf der Recherche auf ca. 250 Negative zusammen. Aus einer Sequenz wählte Chargesheimer zumeist nur eine einzige Aufnahme für sein Endprodukt, die er bearbeitete und publizierte.

BEDEUTUNG DER NEGATIVE

Ausstellung und Bildband setzen an dieser Stelle an. Nicht die Vintage Prints und somit die vom Künstler autorisierten »Originale« stehen im Mittelpunkt. Stattdessen werden die Negative als Ausgangsmaterial betrachtet und nach ihrem Dokumentations- und Aussagewert befragt – bezeugen sie doch die Umstände der Aufnahme in Hinblick auf Ort und Zeit, öffnen Zugang zum eigentlichen künstlerischen Schaffensprozess, geben Einblick in Chargesheimers Arbeitsweise und seine Art des Sehens.

Bereits im jugendlichen Alter entdeckte Chargesheimer seine Begeisterung für den Jazz als Mitglied der Kölner Amateurband Cologne Ring Rollers. In den 1950er Jahren gehörte er zum Freundeskreis des Kölner Jazzimpresarios Pierluigi, genannt »Gigi«, Campi, in dessen Eiscafé auf der Hohe Straße sich eine schnell anwachsende Szene von Jazzenthusiasten traf. Als Campi 1954 mit Mod Records das erste unabhängige Jazz-Label in Europa gründete und die Grafiker Wolfgang Raquet und Horst Geldmacher die Plattencover für den »Coolen Sound«, Ankündigungsplakate und Werbezettel für Jazz-Veranstaltungen fertigten, war Chargesheimer mit kreativen Ideen zur Stelle.

Wiederholt lieferte er fotografische Vorlagen, so auch 1955 für die Single »Rhythm and Something More« mit einer Einspielung des Rudi Sehring Trios. Er inszenierte eine Fotosession mit dem Kontrabassisten Johnny Fischer und dem Schlagzeuger Rudi Sehring im Jazzkeller am Botanischen Garten in Köln-Riehl. Aus heutiger Sicht wegen der Rhythmik in ihrer Bildsprache interessant und 2014 von Micha Gottschalk für seine Publikation »Mod Records Cologne – Gigi Campi: Jazz in West-Germany 1954–1956« werbewirksam auf dem Cover platziert, blieben die Negative damals unbearbeitet liegen. Chargesheimer fertigte eine zweite Serie mit neun Halbporträts von Sehring. Eins davon griff er heraus, beschnitt es radikal und löste den Kopf des Schlagzeugers aus allen Zusammenhängen. Das entlang der Gesichtskante scheinbar ins Nichts auslaufende Foto gelangte auf das Plattencover (S. 94–95). Noch radikaler verfuhr Chargesheimer mit dem Foto des Gitarristen Attila Zoller für die zeitgleich bei Mod eingespielte Single »Shivi Guitar«. In diesem Fall beschnitt, vergrößerte und nachbelichtete er sein Negativ extrem. Der harte Kontrast zwischen Licht- und Schattenpartien lässt Zollers Gesicht in der grafischen Umwandlung unter den vorgeblendeten vegetabilen Ornamenten kaum noch erkennen (S. 96–97).

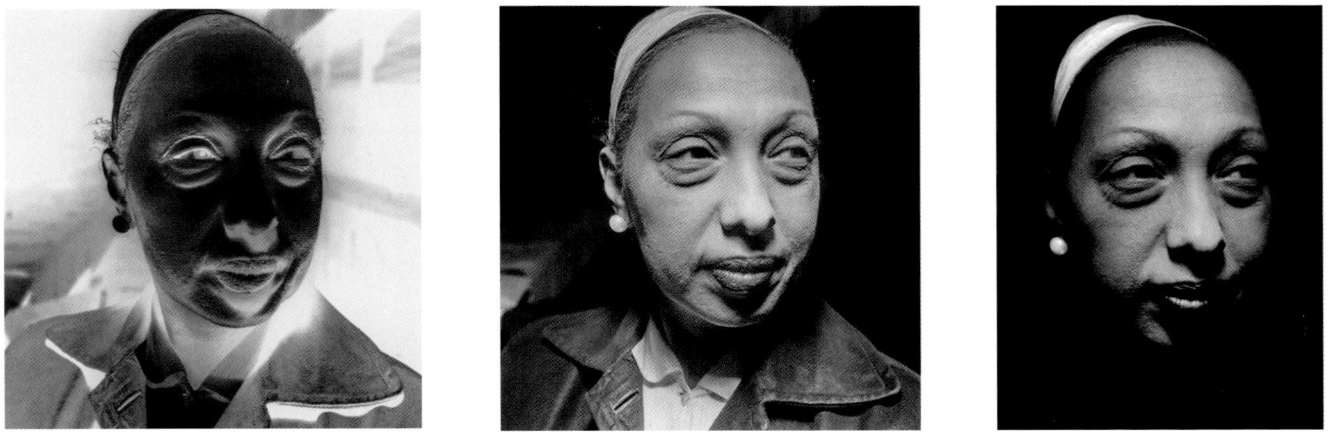

Josephine Baker 1953 in Köln
Negativ und Positiv (Rheinisches Bildarchiv Köln); Vintage Print (Museum Ludwig, Köln)

ARBEIT IN DER DUNKELKAMMER

Diese Beispiele verdeutlichen, dass Chargesheimer nicht spontan ein Motiv fand und ein Foto schoss, das er dann nur noch abziehen musste. Abgesehen von seinem guten fotografischen Gespür für Situationen und Zusammenhänge entstand seine Kunst zu weiten Teilen erst in der Dunkelkammer, durch starken Beschnitt der Negative, Betonung des Lichteinfalls, Konzentration auf Kopf, Hände und Instrumente. Vereinzelt spiegelte er sogar seine Motive im Abzug. Bei der Bearbeitung kam er den Musikern sehr nah und modellierte gnadenlos jede Falte und jeden Tränensack in den vom Leben gezeichneten Gesichtern heraus. Durch intensive Nachbelichtung erzeugte er seine starken Hell-Dunkel-Kontraste. Besonders deutlich veranschaulichen das die Vintage Prints von Josephine Baker, Billie Holiday und Sidney Bechet, die als Ikonen der Fotografiehistorie besondere Aufmerksamkeit erlangten. Kaum bekannt sind hingegen die zugehörigen Negative. Sie zeigen unauffällige Viertel- oder Halbporträts vor unruhigen Hintergründen, die erst durch die radikale Nachbehandlung zu ihrer monumentalen Aussagekraft gelangten. Dieser kreativ künstlerische Akt im Schaffen Chargesheimers wird allein durch die Gegenüberstellung von Negativ und Positiv erkennbar. Um diesen Vergleich zu ermöglichen, sind der Erhalt und die fachgerechte Aufbewahrung beider Formate eine unabdingbare Voraussetzung.

Des Weiteren sind die Negative als dokumentarische Quelle der Kölner Jazz- und Stadtgeschichte von unschätzbarem Wert. Aus den 1950er Jahren blieben kaum Innenaufnahmen von Kölner Jazzclubs und Bühnen erhalten. So ist der Riehler Jazzkeller aus dem oben erwähnten Beispiel mit seiner markanten Hintergrundarchitektur nur auf den Negativen erkennbar. Die Information über den räumlichen und damit auch zeitlichen Kontext des Fotos ging mit dem auf der Plattenhülle verwendeten Ausschnitt vollständig verloren.

Die Innenaufnahmen von Campis Eiscafé mit den populären Hans Koller's New Jazz Stars und dem schick gekleideten Publikum oder die Fotos von Woody Hermans Auftritt mit seiner Third Herd im Williamsbau an der Aachener Straße (S. 102–109) sind wichtige Zeitdokumente. Letztere Negative zeigen im Hintergrund den kaum bekannten Innenraum des beheizten Zirkuszelts, das nach dem Krieg den Kölnern provisorisch als erster großer Veranstaltungsort diente, bevor 1955 der Gürzenich wieder öffnete.

▷ *S. 31*

Hans Koller's New Jazz Stars
im Eiscafé Campi auf der Hohe Straße,
Köln, um 1954/56, Ausschnitt

Francy Boland und Kenny Clarke
Gründer und Leader der Kenny Clarke –
Francy Boland Big Band, Köln, 1961

Wie der Kölner Stadt-Anzeiger 1951 berichtete, begeisterte auch die Chic Combo von George Maycock mit ihrem mitreißenden Bebop Tausende Zuhörer im ausverkauften Williamsbau.

Zwei Jahre darauf begegnete Chargesheimer diesen aus Panama und Kuba gekommenen Musikern in intimer Jazzclub-Atmosphäre. Auf und hinter der Bühne fotografierte er aus unmittelbarer Nähe die ungezwungen agierenden Jazzer und transportierte bereits mit seinen Negativen eine auf Kopf und Hände fokussierte Monumentalität, wie sie sonst fast nur in seinen nachbearbeiteten Abzügen zu finden ist (S. 49–55).

Dass der Saxophonist Hans Koller zusammen mit dem amerikanischen Jazzmusiker Bill Russo 1955 eine Jam-Session in der Eigelsteiner »Bohème« nahe der Gaffel-Brauerei gab, bezeugen auch nur die Negative der Aufnahmen, die an dem Abend gemacht wurden (S. 72–75). Auf Chargesheimers Positiv fehlt die aus Backsteinziegeln gemauerte Hintergrundarchitektur des beliebten Kölner Jazzclubs. Es sieht so aus, als würde Koller allein spielen. Ein bislang nicht publiziertes Repronegativ dieser Serie reflektiert hingegen die musikalische Begegnung beider Jazzer: In einer Collage montierte Chargesheimer die ausgeschnittenen, nachbelichteten Silhouetten beider Instrumentalisten aneinander und fand damit zu einer Bildform, die er erst sechs Jahre später in seiner im DuMont Verlag veröffentlichten Fotomappe »Armstrong – Fitzgerald« in Gestalt eines gegeneinandergesetzten Motivs auf dem Titelblatt zur Perfektion brachte (S. 142–145).

Als im Oktober 1955 Chet Baker mit seinem Trio für einen Abend nach Köln in den Börsensaal kam, war Chargesheimer auch von diesem außergewöhnlichen Musiker fasziniert (S. 122–125). In zehn von zwölf erhaltenen Negativen der Konzertaufnahmen fing er Baker von allen Seiten ein. Im Labor evozierte er bei einem Abzug durch geringes Auswaschen des Fixierbades eine spätere bräunliche Patina. Durch schwarze Konturierung der Schattenpartien an Kopf und Händen des sich scheinbar ins Nichts auflösenden Trompeters schuf er ein großartiges Musikerporträt.

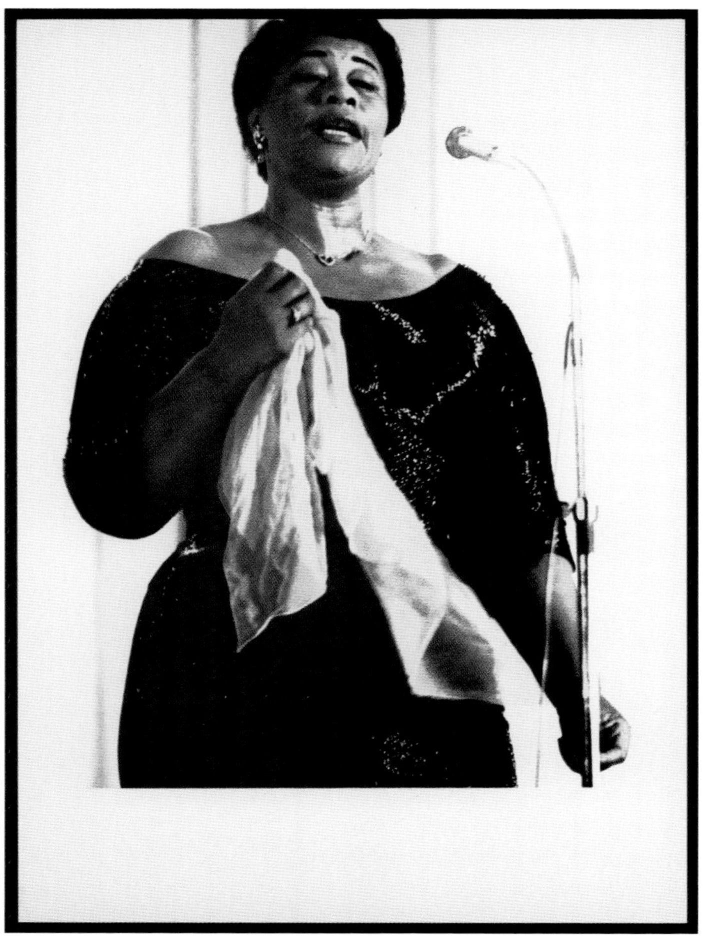

Ella Fitzgerald und Louis Armstrong
aus der Chargesheimer-Mappe »Armstrong – Fitzgerald«, DuMont Schauberg, Köln, 1961
Leihgabe aus Privatbesitz

BEREITS DIE NEGATIVE VERKÖRPERN IN IHRER HOHEN KÜNSTLERISCHEN ÄSTHETIK DEN SOUND DES JAZZ.

Unbeabsichtigt und wiederum nur im Negativ überliefert, bezeugte Chargesheimer zugleich einen der letzten Auftritte dieser Band. Drei Tage nach dem legendären Köln-Konzert verstarb der 23-jährige Pianist Dick Twardzik in einem Pariser Hotel an einer Überdosis Heroin. Der belgische Pianist Francy Boland sprang auf der weiteren Tour für ihn ein. Jahre darauf sollte Boland eine bedeutende Rolle im Kölner Jazzgeschehen spielen: als Komponist und Bandleader der von Chargesheimer fotografierten Kenny Clarke – Francy Boland Big Band.

PUBLIKATIONEN ZUM JAZZ

Negative sind Zeitzeugen, unmittelbar, direkt. Nur sie spiegeln die Realität des erfassten Augenblicks wider. Im Abzug verfremdete Chargesheimer auf vielfältige Weise die Wirklichkeit. Besonders radikal verfuhr er dabei in seiner bereits erwähnten »Armstrong – Fitzgerald«-Mappe. Die 16 großformatigen, kontrastreichen Aufnahmen der Sängerin und des Trompeters und ihre kongenial miteinander verbundenen Büsten auf dem Titelblatt vermitteln den Eindruck eines gemeinsamen Konzerts. Zeitpunkt und Ort des Geschehens ließ Chargesheimer offen. Erst die Beschäftigung mit den Negativen ergab, dass die beiden Künstler nicht zusammen in Köln auftraten und dass Chargesheimer hier ein fiktives gemeinsames Konzert assoziierte.

Dieses Portfolio von 1961 blieb Chargesheimers einzige Publikation zum Thema Jazz. Seit den frühen 1960er Jahren sammelte er jedoch Material für ein weiteres Jazz-Fotobuch, das er in Zusammenarbeit mit dem Jazzkritiker Joe Schevardo plante. Darauf lässt in seinem Negativnachlass auch der überproportional große Anteil von Studioaufnahmen mit dem amerikanischen Schlagzeuger Kenny »Klook« Clarke schließen. Der in Paris lebende Musiker hatte 1961 zusammen mit Francy Boland und Gigi Campi eine der erfolgreichsten Big Bands seiner Zeit mit internationaler Besetzung in Köln gegründet. Clarkes schneller Takt mit den Schlagstöcken war unter Jazzern geradezu legendär. Chargesheimer versuchte diese furiose Spielweise in langen Studiosequenzen aus allen Perspektiven bildlich einzufangen. Das Zusammenwirken von dunkler Haut, weißem Hemd und metallisch glänzenden Schlagzeugbecken kam seiner Vorliebe für kontrastreiche Hell-Dunkel-Effekte sicher entgegen. Bereits die Negative verkörpern in ihrer hohen künstlerischen Ästhetik den Sound des Jazz – doch sie wurden von Chargesheimer nie veröffentlicht. Ebenso wenig seine Aufnahmen der Kenny Clarke – Francy Boland Big Band, die 1967 im Rhenus-Studio in Köln-Godorf entstanden. In einer lebendigen Dokumentation erfasste Chargesheimer die kreative Arbeit der Musiker und fing die Spannungsbögen von Konzentration hin zu Erschöpfung fotografisch ein. Möglicherweise lag hierfür ein Auftrag von Bandmanager Gigi Campi vor, denn Chargesheimer versah das Plattencover der im Studio erfolgten Einspielung »Sax No End« mit einem beschnittenen, gespiegelten und grafisch passend verfremdeten Aktfoto. Da jedoch die weiteren Coverabbildungen jener Platte (S. 198–199) nicht aus Chargesheimers Kamera stammten, wird seine Anwesenheit im Studio eher eigenem Interesse und guten Beziehungen zu Campi zuzuschreiben sein.

Ob das frühe tragische Ableben Chargesheimers eine angedachte Jazz-Publikation verhinderte, bleibt spekulativ. Wir können heute nur erahnen, wie er mit diesem Negativ-Material verfahren wäre. Der Blick darauf ist für die interessierte Öffentlichkeit und die wissenschaftliche Aufbereitung allerdings gleichermaßen wichtig. Doch sollte jede Veröffentlichung der Negative mit dem Verweis versehen werden, dass es sich hierbei nicht um autorisierte Aufnahmen des Fotografen selbst, sondern um sein nicht weniger bedeutungsvolles fotografisches Rohmaterial handelt.

Kenny Clarke
Studioaufnahme, Köln, um 1961

»Klook« in Aktion
Studioaufnahme mit Kenny Clarke,
Köln, um 1961

AZZ CLUB
USA
billie holid
campi

Roland Kovac
im Eiscafé Campi,
Köln, 1954/56

CHRONIST DER SYNKOPEN: JAZZ DER 1950ER UND 1960ER JAHRE IM FOKUS VON CHARGESHEIMER

ROBERT VON ZAHN

Um 1920 begann Jazz die Musikkultur in Deutschland zu beeinflussen, bald auch im Rheinland. Die Unterhaltungsmusik übernahm Rhythmen, Harmoniebildung und Idiome des Jazz. Über das Radio lernten Hörer den Sound der Big Bands und verwandter Tanzorchester kennen. Importierte amerikanische Schallplatten vermittelten amerikanische Vorbilder. Auch in Köln entwickelte sich eine kleine Szene von Fans und Amateurmusikern. Anfang der 1930er Jahre spielten Amateur-Jazzer in Restaurants und Cafés. Eine Gruppe von Musikern und Swingfans um den Saxophonisten und späteren Schlagersänger Detlev Lais traf sich regelmäßig im Café Roller und jammte. Unter den dortigen Fans war auch Karl-Heinz Hargesheimer, der sich zur damaligen Gruppe der »Swing-Heinis« zählte.

Nach 1933 empfanden die Kulturfunktionäre des NS-Regimes die »Swing-Heinis« als »zersetzende« Kultur, und man tat gut daran, sich in die Tanzmusik zu retten, die sich stilistisch gar nicht so sehr unterscheiden musste. Viele stiegen ganz aus, doch unter dem Mantel der Tanzmusik blieb Jazz durch die NS-Jahre hindurch als Kulturform latent gegenwärtig. In der frühen Nachkriegszeit brachten Besatzungstruppen umso mehr Swing und bald auch Bebop nach Deutschland. Fans handelten die V(ictory)-Discs von US-Soldaten als Kultobjekte, und Amateurbands fanden sich wieder zusammen.

Hans Koller
bei einer Jam-Session
im Eiscafé Campi,
Köln, 1954/56

JAZZ IM KÖLN DER NACHKRIEGSZEIT

Anfang der 1950er Jahre erzählte Hargesheimer, der sich bald Chargesheimer nannte, dem Jazzjournalisten Joe Schevardo von seiner Initialisierung durch den Jazz im Café Roller. Ort des Gesprächs war Chargesheimers Wohnung in der Jülicher Straße, und Zeugnis davon legte Schevardo in der Publikation »Chargesheimer persönlich« ab. Ab jener Zeit zieht sich Chargesheimers Verbindung zum Jazz durch die Kölner Kulturgeschichte. Nochmals eineinhalb Jahrzehnte später planten er und Schevardo sogar eine Buchpublikation seiner Jazz-Fotos. Durch den frühen Tod des Fotografen Ende 1971 kam diese nicht mehr zustande. Es hätte ein eindrucksvoller Band werden können, denn Chargesheimer und Jazz – das war über viele Jahre eine innige Beziehung gewesen.

In den Jahren nach Kriegsende hatte der Jazz in der Kölner Gesellschaft eine mehrfache Funktion: Er war der Musikstil, der die Musikfreunde generationenübergreifend in die Säle zog, eine Art Mainstream der Unterhaltungskultur. Zugleich wurde er zum Träger eines kulturoppositionellen Geists. Seine jungen und nicht mehr ganz so jungen Fans trugen zwar bei den Konzerten gutbürgerliche Kleidung – die Herren stets Krawatten –, doch sie empfanden ihre Musik als einen gesellschaftlichen Aufbruch gegen Konventionen. Andere wiederum sahen in dieser Musik eine neue Hochkultur und setzten diese selbstbewusst den anerkannten zeitgenössischen Musikformen entgegen. Der Cool Jazz etablierte sich nahezu gleichberechtigt neben der Kammermusik.

Amerikanische Tourmanager liebten den deutschen Markt und den Hunger des deutschen Publikums nach Offbeat und Swing. Ella Fitzgerald, Louis Armstrong, Buddy DeFranco, Oscar Peterson, Coleman Hawkins, Woody Herman und Sidney Bechet reisten mit Bands oder ganzen Orchestern durch Europa, stiegen in Köln ab und gerieten früher oder später vor die Linse Chargesheimers. Der amerikanische Impresario Leonard Feather formte seine Radiosendung »Jazz Club USA« zu einer Tourband und brachte unter anderem Billie Holiday 1954 nach Europa und in die Kölner Messe. Chargesheimer war zur Stelle.

In diesem Konzert präsentierte Feather gleich mehrere Bands, darunter das Trio des Vibraphonisten Red Norvo mit dem Gitarristen Jimmy Raney und dem Bassisten Red Mitchell. Ebenso den Klarinettisten Buddy DeFranco, der zusammen mit dem Schlagzeuger Bobby White, dem Pianisten Sonny Clark und dem Bassisten Gene Wright spielte. Das Publikum war begeistert. Billie Holiday bot den Höhepunkt des Abends, umjubelt trat sie nach dem Konzert vor Fans

Woody Herman signiert für den Jazzkritiker Joe Schevardo
Köln, 1954

Gene Wright auf der Europatournee »Jazz Club USA« in der Messehalle V in Köln-Deutz, 1954

und Presse. Chargesheimers Fotos zeigen ihre pure Freude. In ihrer Autobiografie schreibt sie über ihren Aufenthalt in Köln: »Wir hatten vor, ihnen (den Kölnern) zu zeigen, was eine wirkliche Jam-Session ist. Und als wir fertig waren, waren alle zufrieden und besonders ich.«

INTERNATIONALE JAZZGRÖSSEN

Die amerikanischen Tourneen brachten Jazz als eine Musik internationaler Stars in die Säle. So war Jazz für die Kölner in jener Zeit weniger die Musik einer heimischen Szene, sondern eine erfolgreiche Importkultur. Woody Herman reiste mit seinem dritten Bandprojekt, der Bebop-beeinflussten Third Herd, durch die Welt und stieg mit 15 Musikern im selben Jahr 1954 im Williamsbau ab, einem alten Zirkusbau an der Aachener Straße Kölns. Im Publikum war Chargesheimer. Der Konzertunternehmer Norman Granz tourte mit »Jazz at the Philharmonic« und bot ganze Gruppen von Stars in Konzerten auf. Er zahlte gut, die Tourneen waren jedoch anstrengend, mit geringen Auszeiten zum Durchatmen. Ella Fitzgerald gehörte zu den Großen, die auf seiner Honorarliste standen. Am 10. März 1956 sang sie im Kölner Börsensaal. Oscar Peterson war dabei, Gene Krupa, Dizzy Gillespie und weitere Jazzheroen. 1957 folgte ein Auftritt im Kölner Gürzenich. Chargesheimer präsentiert Fitzgerald wie eine Göttin am Mikrofon, ihre dunkel gekleidete Gestalt scheint ihrer Stimmfarbe zu entsprechen.

Plakat zu einem Konzert von Sidney Bechet mit der André Réwéliotty Band und Kansas Fields
am 16. April 1958 im Kölner Gürzenich

Louis Armstrong und seine All Stars gastierten 1959 im Gürzenich, Chargesheimer fotografierte ihn mit dem Posaunisten Trummy Young und dem Bassisten Mort Herbert sowie in etlichen Porträtaufnahmen. Im selben Jahr traf er auch Duke Ellington, der in der Kölner Messe auftrat. Chargesheimer gelangen Fotos, die nicht die Bühnenpersönlichkeit, sondern den Menschen dahinter zeigen. Gelöst und heiter wirkt der seinerzeit schon legendäre Bandleader in seiner Garderobe.

Die Reihe an Jazz-Fotomotiven Chargesheimers ändert sich Mitte der 1950er Jahre. Galt sein Einsatz zuvor vor allem den internationalen Gästen, wandte er sich nun vermehrt Produktionen und Veranstaltungen von in Köln wirkenden Jazzern zu. Schlüsselfigur wurde ein junger Impresario, der sein Kapital einem in Köln bekannten Eiscafé als Familienbetrieb verdankte, Gigi Campi. Das Eiscafé Campi wurde in den 1950er Jahren zu einem Treff von Intellektuellen und Kulturakteuren, die im nahebei gelegenen Funkhaus zu Gast waren. Campi und Chargesheimer diskutierten im Café viele Nächte mit dem Schriftsteller Heinrich Böll oder der Schauspielerin Gisela Holzinger über Politik und Kultur. Chargesheimer war durch Karnevalsaktivitäten Campis in diese Szene gestoßen. Campi liebte das kölsche Brauchtum, dabei weniger dessen Volkstümlichkeit als dessen Vernetzungsfreudigkeit und kulturelle Toleranz. Die Jazzleidenschaft Campis fand hier ein sicheres Forum. Er bekannte sich später dazu, alles, was ihm künstlerisch riskant erschien, im Karneval getestet zu haben, denn: »Im Karneval geht alles!«

1954 gründete Gigi Campi eine Plattenfirma. Mod Records hieß das Label, und es brachte vor allem den damals favorisierten Cool Jazz europäischer Prägung heraus. Lichtfigur dieses Stils war der österreichische Saxophonist Hans Koller, der mit seiner Band gerne bei Campi in Köln zu Gast war. Die kleinen EPs mit Cool Jazz wurden schnell Kultstücke. Den Grundstock an Aufnahmen für Mod spielten Hans Kollers Musiker im britischen Kulturinstitut »Die Brücke« in Köln ein. Die 24 Titel sollten eigentlich alle beim Label Discovery erscheinen, doch etliche kamen 1954 als Mod-EPs auf den Markt. Dazu kamen Aufnahmen unter anderem der Pianistin Jutta Hipp und ihrer Band, die mit solchen Aufnahmen das Sprungbrett zimmerte, von dem aus sie wenig später über den Atlantik ins Mutterland des Jazz sprang und bei dem renommierten Label Blue Note Platten aufnahm.

CHARGESHEIMERS BLICK AUF DIE SZENE

Für einige der Fotografien auf den Albumhüllen sorgte Chargesheimer. Diese Fotografien tragen Chargesheimers unverkennbaren Stil, arbeiten mit harten Kontrasten, überbelichteten Partien auf Stirn und Wangenknochen der abgebildeten Personen, eine in sich gekehrte, zuweilen fast abweisende Miene des Musikers oder der Musikerin festhaltend. Zu ihnen zählen auch Aufnahmen des Bassisten Johnny Fischer, des Schlagzeugers Rudi Sehring, der zu einer eigenen Mod-Produktion kommen sollte, und natürlich von Hans Koller selbst. Es ist Chargesheimers Personalstil jener Zeit, nicht ein Stil, den er eigens für die Jazzmusiker fand. Aber er passt auffallend gut zur Spielweise jener Musiker: sachlich, mit klarer, oft kontrastierender Formgebung, gleichzeitig in der Emotionalität subtil und zurückhaltend.

So wie für Chargesheimer ein Foto nicht bloß Ergebnis eines richtig eingestellten Kamerafokus, sondern ein Unikat war, das eine individuelle Nachbearbeitung erfuhr, sah auch Gigi Campi in einer Mod-Produktion kein Massenmedium. Vom ersten Master fertigte Campi gerade einmal 100 Exemplare und bekannte sich selbstbewusst zur Produktion für wenige Kenner und nicht für viele. Der Handel trug es mit, denn er bestand in diesem Fall bei den ersten Veröffentlichungen nur aus dem Musikhaus Fürth am Friesenwall, und das nahm pro EP gleich 17,50 DM – ein stolzer Preis im Jahr 1954. »Der Spiegel« zitierte Campi nach einer zweiten Auflage mit den Worten: »Wir arbeiten nicht für alle, sondern für die wenigen.«

Der Kölner Impresario betätigte sich auch als Tourneeveranstalter: Für den amerikanischen Startrompeter Chet Baker organisierte er eine Europatournee. Baker spielte zusammen mit dem Pianisten Dick Twardzik, dem Schlagzeuger Pete Littman und dem Bassisten Jimmy Bond 1955 in Städten wie Köln, Amsterdam und Paris. Bei den Proben folgte ihnen die Kamera Chargesheimers. So groß die künstlerischen Erfolge waren, so bescheiden waren die finanziellen. Lange konnte auch ein erfolgreiches Eiscafé diese Konzerte und Produktionen nicht finanzieren. 1956 stellte Campi sein Label Mod ein. Neben Veröffentlichungen von Hans Koller und Jutta Hipp waren bei Mod auch Aufnahmen des Harald Banter Tentetts, von Bill Grah, Lars Gullin, Lee Konitz, Bill Russo, dem Rudi Sehring Trio (mit Attila Zoller und Johnny Fischer) und von den Brüdern Emil und Albert Mangelsdorff erschienen.

Ein neuer starker Impuls für die Kölner Jazzszene kam im folgenden Jahr durch den Rundfunk: 1957 wechselte Kurt Edelhagen mit einem Teil seines Orchesters vom SWF in Baden-Baden zum WDR nach Köln (dabei waren Helmut Hauck, Bubi Aderhold und Franz von Klenck).

Plakat für ein »Concert in Modern Jazz« Gigi Campis
mit Chet Baker und seinem Quartett sowie Hans Koller und seinem Quintett am 9. Oktober 1955 im Kölner Börsensaal

Seine Band war in Baden-Baden zu einer weithin gehörten Institution geworden. Doch in Köln lockten mittlerweile mehrere Schallplattenstudios und Produzenten. Das Orchester Edelhagens, das eher ein Pool von Musikern war als ein feststehender Klangkörper, zog international bekannte Solisten an, so etwa Jimmy Deuchar, Ken Wray, Derek Humble, Duško Gojković und Stuff Combe. Nicht einmal ein Jahr nach seinem Kölner Antritt nahm Edelhagen Alben für Polydor/Brunswick auf. Die Attraktivität des Jazz-Standorts Köln stieg, 1958 stießen die Solisten Rob Pronk und Raymond Droz zum Pool. Die Musiker wurden in den Schallplattenproduktionen der Studios allgegenwärtig.

Und sie wurden 1957 Basis einer Neugründung an der Kölner Musikhochschule. Deren neuer Direktor Heinz Schröter errichtete eine Jazzklasse unter Einbeziehung Edelhagens. Seine Musiker stellten einen guten Teil der Dozenten. Die Kölner Jazzszene erhielt in diesen Jahren eine neue musikalische Qualität und zunehmende Dynamik. Chargesheimer fotografierte Edelhagen und seine Musiker bei Produktionen des WDR und in freien Studiosessions. Häufig war er zugegen, wenn das Orchester Gaststars lud. Denn auch bei Edelhagen prägten Gäste mit unverwechselbarem Stil das jeweilige Programm. Caterina Valente etwa – damals noch überwiegend Jazzsängerin – sang mit dem Orchester.

IN KÖLN LOCKTEN MITTLERWEILE MEHRERE SCHALLPLATTENSTUDIOS UND PRODUZENTEN. DIE ATTRAKTIVITÄT DES JAZZ-STANDORTS KÖLN STIEG.

Gigi Campi, Francy Boland, Wolfgang Hirschmann und Åke Persson im Rhenus-Studio
in Köln-Godorf, 1967

Seit 1952 arbeitete Valente schon mit Edelhagen zusammen, war mit seiner Band im Salon du Jazz Paris aufgetreten und hatte etliche Aufnahmen mit ihm gemacht. In Köln landete der Schlagertexter und -produzent Kurt Feltz mit ihr einen Hit nach dem anderen – 22 Schlager textete er für sie allein, zudem elf Duette. Edelhagen, Feltz, Valente, Polydor und der WDR – das wurde eine so erfolgreiche Verbindung, dass sie in der Presse auch kritisch beleuchtet wurde. Gleichwohl lag ein guter Teil der Republik Valente zu Füßen. Chargesheimer fotografierte Valente als populäre Bühnenpersönlichkeit, man sieht eine publikumsnahe Jazzkünstlerin, und man sieht ein Schlageridol.

BIG-BAND-JAZZ MADE IN COLOGNE

Auch Gigi Campi nutzte den Edelhagen'schen Musikerpool und formte eine eigene Big Band, deren Personal deshalb eine Schnittmenge mit dem Orchester Edelhagens aufwies. Anker der Band waren Francy Boland und der Schlagzeuger Kenny Clarke. Die Kenny Clarke – Francy Boland Big Band zu gründen war vielleicht Campis wichtigste Jazz-Tat, schaffte er doch mit ihr in Europa eine außergewöhnliche Big Band, die mit allen großen amerikanischen Bands mithalten konnte. 1961 bestand die Band aus 13 Musikern, sie wuchs auf 21. Bis 1972 gab sie 221 Konzerte und nahm 24 Schallplatten auf.

In der zweiten Hälfte der 60er Jahre sorgte Campi für Zulauf weiterer Jazzgrößen nach Köln. Die Jazzfeste am Tanzbrunnen (»Jazz am Rhein«) und im Opernhaus (»Jazz in Action«), die Big-Band-Battles im Sartory mit dem Edelhagen Orchester, der Thad Jones – Mel Lewis Big Band aus den USA und Campis Kenny Clarke – Francy Boland Big Band waren Ereignisse, doch Aufnahmen Chargesheimers sind aus dieser Zeit kaum noch überliefert. Seine Fotos wandten sich zunehmend der Stadtentwicklung und anderen Themen zu. Eine seiner letzten mitgestalteten Jazzproduktionen ist das Album »Sax No End« der Kenny Clarke – Francy Boland Big Band aus dem Jahr 1967. Für diese Aufnahmen trommelte Kenny Clarke die Band im Rhenus-Studio (sonst in den EMI-Studios) durch die nächtelangen Sessions, und die Saxophongruppe entfesselte furiose Kaskaden aus Francy Bolands Sätzen, die besonders aufhören ließen. Die Plattenhülle ziert ein Aktfoto Chargesheimers, ein makelloser weiblicher Körper in kühlen Grautönen und in artifizieller Akkuratesse – ein Gegenstück zu den präzisen und kurvenvollen Saxophonpartien der Boland'schen Kompositionen von »Sax No End«. Synästhesie nennen Rhetoriker das Koppeln verschiedener Sinnesebenen. Chargesheimer wusste musikalische Ausstrahlung ins Bild zu setzen.

Eisdielenbesitzer und Jazz-Impresario Pierluigi »Gigi« Campi, Köln, 1954

Ralph Burns
Pianist aus Woody Herman's Third Herd,
Williamsbau, Köln, 1954

Bill Perkins
Saxophonist aus Woody Herman's
Third Herd, Williamsbau, Köln, 1954

CHARGESHEIMER
KARL-HEINZ HARGESHEIMER

*1924 IN KÖLN †1971 EBENDA

KÖLNER URGESTEIN

Hier wurde er geboren, hier schied er aus dem Leben, wohl in der Silvesternacht 1971.

FREISCHAFFENDER FOTOGRAF

Chargesheimer studierte einige Semester Fotografie und Grafik an den Kölner Werkschulen und der Bayerischen Staatslehranstalt für Lichtbildwesen in München. Mit 23 Jahren machte er sich selbstständig, zunächst als Bühnenfotograf und Bühnenbildner. Er arbeitete als Dozent und Regisseur, schuf experimentelle Fotografiken und Werbefotos für Industrieunternehmen und fertigte mit seinen »Meditationsmühlen« kinetische Objekte.

PORTRÄTIST DER BERÜHMTEN UND CHRONIST DER KLEINEN LEUTE

Chargesheimer machte sich einen Namen durch ikonische Porträts (Adenauer, Kardinal Frings) und eindrucksvolle Bildbände (unter anderem 1957 »Cologne intim«, 1958 »Im Ruhrgebiet« und »Unter Krahnenbäumen«, 1960 »Menschen am Rhein«). Die Entwicklung seiner Stadt begleitete er mit kritischem Blick (1970 »Köln 5 Uhr 30«).

BOHEMIEN, EINZELGÄNGER, JAZZ-FAN UND FREUND

In den 1950er Jahren begegnete Chargesheimer dem Eisdielenbesitzer und Jazz-Enthusiasten Gigi Campi, der Konzerte organisierte und zeitweilig ein eigenes Schallplatten-Label Mod Records herausgab. Chargesheimer fotografierte Künstler, Proben und Konzerte und steuerte Vorlagen für Schallplattencover bei. Er selbst veröffentlichte 1961 die Mappe »Armstrong – Fitzgerald«.

Chargesheimer
Ohne Titel (Selbstporträt)
um 1970,
Vintage Print,
Museum Ludwig, Köln

AUFTAKT
SWING UND BEBOP IN DER NACHKRIEGSZEIT

Frank Boogie Sergeant
Trompeter der Chic Combo, Köln, um 1954

George Maycock
Bandleader der Chic Combo, Köln, um 1954

Frank Boogie Sergeant
Trompeter der Chic Combo,
Köln, um 1954

Noel George Gillespie
Bassist der Chic Combo,
Köln, um 1954

KÖLN NACH DEM KRIEG – TABULA RASA?

Die unmittelbare Nachkriegszeit Kölns war geprägt vom Anblick der Innenstadt als Trümmerwüste, von Wohnungsnot, Hunger und Kälte. Doch der Nachkriegsalltag hatte auch eine andere Seite: Lebensfreude und Lebenshunger der Menschen verlangten nach Unterhaltung und Vergnügen. Kinos und das Millowitsch-Theater eröffneten unmittelbar nach Kriegsende. Kapellen aller Art und Güte boten Vergnügungs- und Tanzmusik, egal ob in Kellerkneipen oder in ungeheizten, nur notdürftig reparierten Cafés oder Hallen. Und die Bands und Combos spielten neben Schlagern und Gassenhauern endlich auch das, was unter den Nationalsozialisten verpönt war: Swing und Dixieland. Auch das Radio, nicht zuletzt die Sender der Besatzungsmächte, sorgte für frischen Wind: Die britische Militärregierung gründete schon 1945 den »Nordwestdeutschen Rundfunk« für die gesamte Besatzungszone (1955 aufgeteilt in NDR und WDR). Im Radio waren auch die Stars der brandaktuellen Jazzszene zu hören, die statt gefälliger Tanzmusik Bebop spielten: Charlie Parker, Dizzy Gillespie, Thelonious Monk und andere.

Die Währungsreform 1948 beendete die Nachkriegszeit und leitete über zu Wiederaufbau und Wirtschaftswunder. Nicht Trümmer prägten das Gesicht Kölns im folgenden Jahrzehnt, sondern leere Flächen. Planierte Grundstücke und ständiger Baulärm zeugten von dem, was entstehen sollte: eine neue, moderne Stadt. Architektur, Theater, bildende Kunst und Musik spiegelten dieses Lebensgefühl.

Die Chic Combo
im Hotel Kosmopolit, Schildergasse 75, Köln, am 16. September 1950
Foto: Peter Fischer

GEORGE MAYCOCK UND DIE CHIC COMBO
ZU GAST IN KÖLN, 1950/1954

1949 kamen Jazzer aus Panama und Kuba mit der Tanz- und Musikshow des Kubaners Jaime Camino nach Barcelona. Nach Beendigung ihres Gastspiels beschlossen fünf Musiker, in Europa zu bleiben. Sie gründeten mit George Maycock als Bandleader die Chic Combo. Ihre Spuren führten 1950 über das Tanzcafé Odeon in Basel bis nach Köln, wo sie ab dem 16. September regelmäßig im Hotel Kosmopolit in der Schildergasse auftraten. In den folgenden Jahren tourten sie erfolgreich durch Deutschland. Sie spielten in Jazzclubs und begeisterten die Menschen in großen Konzerthallen, so auch im August 1951 im ausverkauften Williamsbau an der Aachener Straße, wo sie zusammen mit den Jazzsängerinnen Ruth Bruck und Viola Schröder bei zwei Veranstaltungen auftraten.

Der Kölner Stadt-Anzeiger berichtete am 20. August 1951 über das Konzert:
»Sie spielen einen sehnsüchtigen Blues ..., den heißblütigen Hot im klassischen Dixilandstil, wie man ihn einst in den Spelunken von New Orleans hörte, den modernen furiosen Bebop ...«

Auch Chargesheimer war fasziniert von den heißen Rhythmen dieser Musiker. Er fotografierte sie 1954 im Rahmen einer Jam-Session in einem Kölner Jazzclub aus unmittelbarer Nähe auf und hinter der Bühne. Die Musiker spielen und agieren völlig ungezwungen, was den besonderen Reiz dieser sehr lebendigen Fotoserie ausmacht. Chargesheimers Negative zeigen bereits in ihren gewählten Ausschnitten eine Direktheit und Monumentalität, die sonst erst in seinen nachbearbeiteten Abzügen zu finden ist.

Owen Big Fletchit Campbell
Schlagzeuger der Chic Combo,
Köln, um 1954

José Chombo Silva
Tenorsaxophonist der Chic Combo,
Köln, um 1954

COOL JAZZ IN KÖLN
DIE KÖLNER JAZZSZENE 1954–1956

Hans Koller
bei einer Jam-Session
im Eiscafé Campi,
Köln, 1954/56

EIS UND JAZZ IM CAMPI
TREFFPUNKT DER KULTURELLEN AVANTGARDE

Trotz der weit verbreiteten öffentlichen Meinung, dass Jazzmusik primitiv und dekadent sei, entstand im konservativen Nachkriegsköln eine pulsierende Jazzszene. Besonders junge, aufgeschlossene Leute fühlten sich von ihr angezogen, fanden sie doch im Jazz die Verkörperung eines neuen, unkonventionellen Lebensgefühls. Sie gründeten Jazzclubs und Arbeitskreise, abends strömten sie in die Kellerclubs und Nachtbars der Stadt. Im Jazzkeller am Botanischen Garten in Köln-Riehl, im Tabu am Ring, im St. Pauli und in der Bohème am Eigelstein, im Studio und im Schmuckkästchen an der Venloer Straße spielten Amateurbands und Profimusiker, lange bevor sie an Akzeptanz und Ansehen gewannen und die größeren Bühnen der Stadt bespielten.

Doch zum eigentlichen Mittelpunkt der Kölner Jazzszene entwickelte sich die italienische Eisdiele und Milchbar Campi auf der Hohe Straße. Der junge Eisdielenbesitzer Gigi Campi hatte sich mit Leib und Seele dem Jazz verschrieben. Tagsüber verwöhnte er die Menschen aus der Nachbarschaft mit italienischer Eiscreme, Milchshakes und Kaffeespezialitäten. Abends kamen bei ihm Prominente aus Politik und Kultur vorbei, darunter auch Chargesheimer, Theodor W. Adorno, Joseph Beuys, Heinrich Böll, Rainer Werner Fassbinder und Karlheinz Stockhausen. Sie trafen vorübergehend in der Stadt weilende Musiker wie Louis Armstrong, Duke Ellington, Sarah Vaughan und hörten die neuesten Platteneinspielungen aus der Musikbox. Sie debattierten über derzeit angesagte Musikstile, besprachen Jazzkonzerte und planten neue Veranstaltungen.

Das Eiscafé Campi
Hohe Straße 134b, Köln, 1950er Jahre
Foto: Karl-Hugo Schmölz

CAMPI
EIS
CAFÉ ESPRESSO
EIS
WMF
WÜRTTEMBERGISCHE
METALLWARENFABRIK
134-134a

DER JAZZ-IMPRESARIO
PIERLUIGI »GIGI« CAMPI

* 1928 IN KÖLN
† 2010 EBENDA

Campi wuchs in Köln auf, verbrachte die Kriegsjahre in Italien, doch zog es ihn nach dem Krieg wieder in seine Heimatstadt. 1948 eröffnete er mit seiner Mutter und seiner jüngeren Schwester Eleonora das Eiscafé Campi auf der Hohe Straße im Herzen der Stadt. Der junge Gastronom suchte und fand als begeisterter Jazz-Fan Kontakte zu Musikern und Konzertveranstaltern. Bald organisierte er selbst Konzerte und gründete 1954 sogar sein eigenes Jazz-Label Mod Records. Wenige Jahre darauf initiierte er die Entstehung der Kenny Clarke – Francy Boland Big Band, zunächst als reine Studioband, die er dann in den 1960er Jahren auch bei zahlreichen spektakulären Konzerten managte.

In der Festschrift zu seinem 70. Geburtstag 1998 erinnern Freunde und Weggefährten an Begegnungen, Freundschaft und Gelächter, starken Espresso und Zigarettenschwaden, heiße Musik und intensive Diskussionen. So blieb er den Kölnern in Erinnerung.

Gigi Campi zusammen mit Joki Freund
Köln, 1954

ADOX R 14
ADOX R 14

Gigi Campi, Attila Zoller (Gitarre), Joki Freund (Saxophon), Karl Sanner (Schlagzeug) und Jutta Hipp (Gesang, Piano)
Köln, 1954

FOTOSESSION BEI MOD RECORDS
JUTTA HIPP UND GIGI CAMPI, 1954

Die Aufnahmen der Pianistin, Sängerin und Bandleaderin Jutta Hipp zusammen mit dem Jazz-Impresario Gigi Campi fertigte Chargesheimer wahrscheinlich im Zusammenhang mit der 1954 bei Mod Records eingespielten Single »Jutta Hipp and Her Combo« an. Während Campi sich in »coolen« Posen übt, blickt die junge Musikerin eher sinnend und in sich gekehrt in die Kamera.

Jutta Hipp
Köln, 1954

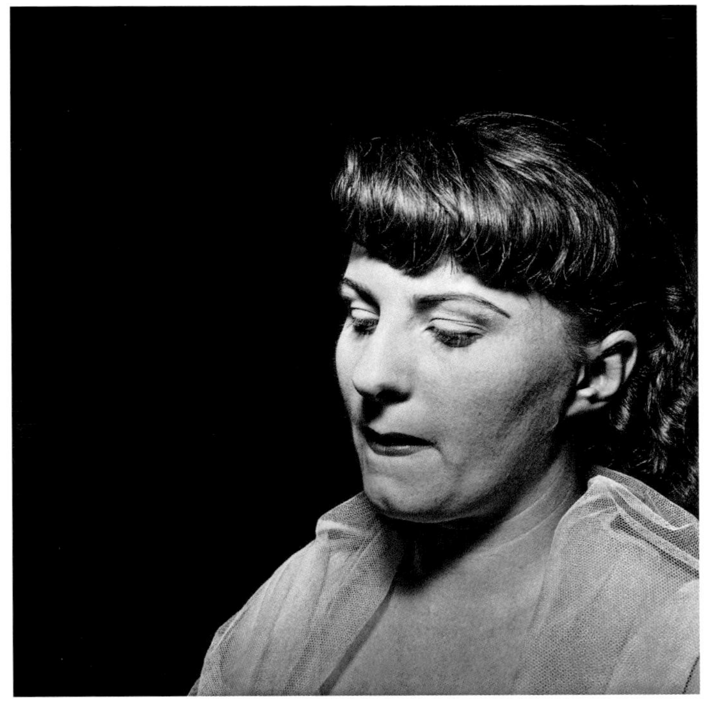

JUTTA HIPP
SÄNGERIN UND JAZZPIANISTIN

* 1925 IN LEIPZIG
† 2003 IN NEW YORK CITY

Jutta Hipp gehörte zu den schillerndsten Persönlichkeiten in der von Männern dominierten Jazzszene der 1950er Jahre. Bereits als Neunjährige begann sie mit dem Klavierspiel, als Teenager erwachte im illegal wirkenden Leipziger Hot Club ihre große Begeisterung für den Jazz. Obwohl »schwarze« amerikanische Musik im Nationalsozialismus verfemt war, tauschten die jungen Leute bei diesen Treffen ihre raren Jazzplatten aus und hörten ihre Musik über den verbotenen Rundfunksender BBC. Jutta Hipp trat als Pianistin einer Amateurband bei, die nach Kriegsbeginn hauptsächlich von Frauen weiterbetrieben wurde. Abends improvisierte sie bei illegalen Sessions im privaten Umfeld Swingmusik am Klavier, tagsüber studierte sie Malerei und Grafik an der Staatlichen Akademie für graphische Künste und Buchgewerbe in Leipzig.

Nach 1945 folgte sie den abziehenden amerikanischen Besatzungstruppen nach München, später nach Frankfurt, wo sie mit wechselnden Musikern in amerikanischen Offiziersclubs und Tanzlokalen auftrat. 1952 traf sie den Saxophonisten Hans Koller, mit dem sie die gemeinsame Vorliebe für den Cool Jazz verband. Sie gründeten ein Quartett, ab 1953 leitete sie bis 1955 ihr eigenes Jutta Hipp Quintett, zunächst mit Emil Mangelsdorff (Altsaxophon), Joki Freund (Tenorsaxophon), Karl Sanner (Schlagzeug) und Hans Kresse (Bass). 1954 kam Attila Zoller (Gitarre) hinzu. Die Musiker traten erfolgreich bei Jazzfestivals auf, tourten durch Deutschland, Schweden, Dänemark und Jugoslawien. 1953 wurde Jutta Hipp von der Zeitschrift Jazz Podium zur besten deutschen Jazzpianistin ernannt.

Gigi Campi holte sie 1954/55 sowohl zu Konzerten als auch zur Plattenaufnahme bei Mod Records nach Köln, kurz bevor sie vom amerikanischen Musikmanager Leonard Feather entdeckt wurde und im November 1955 nach New York ging, wo sie unter anderem Platten bei Blue Note aufnahm. Nach anfänglichen Erfolgen fiel es ihr schwer, sich als weiße Jazzmusikerin in der dortigen Jazzszene zu behaupten. Zunehmender Alkoholismus verstärkte ihre Existenzängste. Bevor sie daran gänzlich zerbrach, stieg sie 1959 aus der Musikszene aus. Sie kehrte nie wieder nach Deutschland zurück.

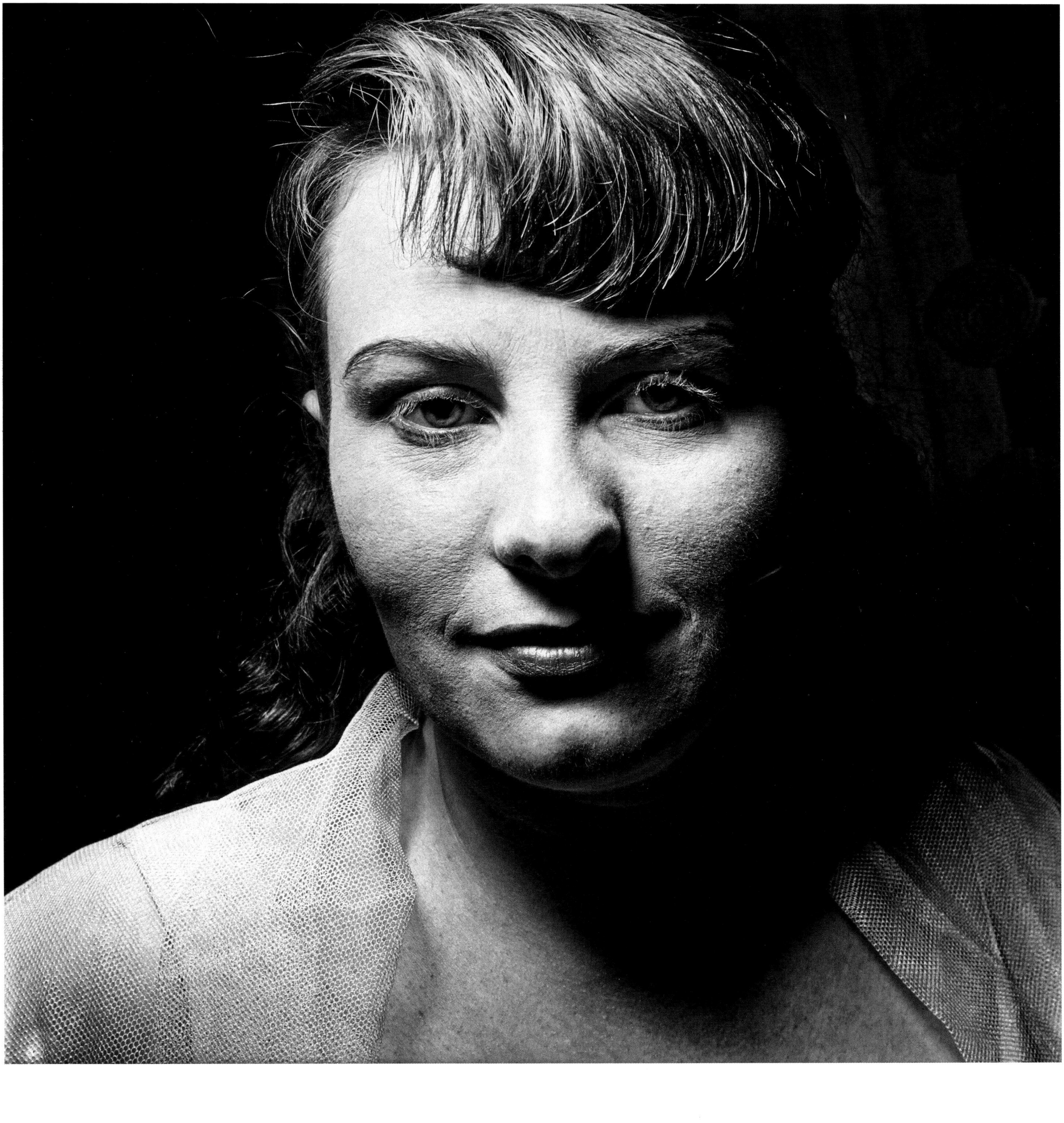

HANS KOLLER
TENORSAXOPHONIST, 1955

* 1921 IN WIEN
† 2003 EBENDA

Der Wiener Saxophonist Hans Koller siedelte 1950 nach München über. Schon bald eilte ihm der in nächtelangen Sessions und auf Jazzfestivals erspielte Ruf als bedeutendster europäischer Cool Jazzer voraus. Zu seinem ersten eigenen Quartett mit dem Bassisten Franz »Shorty« Roeder, dem Schlagzeuger Karl Sanner und der Pianistin Jutta Hipp kam 1953 der Posaunist Albert Mangelsdorff hinzu. Für Hipp und Sanner, die zum Jahresende eine eigene Band gründeten, wechselten Rudi Sehring am Schlagzeug und Roland Kovac als Pianist und Komponist ein. Als Hans Koller's New Jazz Stars spielten sie die ersten Schallplatten bei Campis Jazzlabel Mod ein und begeisterten 1954/56 das Kölner Publikum in den »Concerts in Modern Jazz«. Koller gab zwischen 1955 und 1956 erfolgreiche Konzerte zusammen mit Bill Russo, Lee Konitz und Lars Gullin.

ADOX R 14

Jam-Session in der Bohème
am 5. Mai 1956 mit Oscar Klein,
Willy Meerwald, Bill Grah,
Beryl Bryden und Fatty George
Foto: Peter Fischer

IM JAZZCLUB BOHÈME
AM EIGELSTEIN, 1955

Chargesheimers Fotos des österreichischen Tenorsaxophonisten Hans Koller entstanden im Jazzclub Bohème am Eigelstein. Die Backsteinarchitektur und Graffiti, die auf seinen Negativen im Bildhintergrund zu erkennen sind, identifizieren im Vergleich mit der Konzertaufnahme des Fotografen Peter Fischer aus dem Jahr 1956 eindeutig diesen beliebten Kölner Jazzclub der 1950er Jahre.

Beim Anfertigen seiner Abzüge blendete Chargesheimer die Örtlichkeiten durch starke Nachbelichtung und Beschneidung der Negative fast immer aus. Er hinterließ keine schriftlichen Aufzeichnungen über seine Jazzfotografien. Allein die unbehandelten Negative ermöglichen uns heute eine zeitliche und örtliche Einordnung seiner überlieferten Vintage Prints. Über die Erschließung des Nachlasses hinaus dienen die Negative als wichtige dokumentarische Quelle der Jazz- und Stadtgeschichte.

Hans Koller
in der Bohème am Eigelstein
13. August 1955

Diese Aufnahme von Hans Koller aus der Bohème-Serie vom 13. August 1955 benutzte Chargesheimer für seine Collage mit einer Aufnahme des Posaunisten Bill Russo. Das Negativ von Bill Russo ist nicht im Chargesheimer-Nachlass überliefert.

JAM-SESSION IN DER BOHÈME
MIT HANS KOLLER UND BILL RUSSO, 1955

Der Chicagoer Posaunist Bill Russo (1928–2003) gab am 14. August 1955 ein Konzert mit Hans Koller's New Jazz Stars im Börsensaal im Rahmen der »Concerts in Modern Jazz«. Am Abend zuvor spielt er mit Koller in der Kölner Bohème. Der Konzertmitschnitt sowie Studioaufnahmen gelangten auf die Mod-Platte »Bill Russo and the Hans Koller Quintet«.

Diese musikalische Begegnung reflektierte Chargesheimer in einem Entwurf für das Plattencover. Er montierte die ausgeschnittenen, nachbelichteten Silhouetten beider Jazzer gegeneinander, indem er eine Äußerung Bill Russos nach dem Konzert gegenüber der Zeitschrift Jazz Podium in der August-Ausgabe 1955 verbildlichte:
»Ja, meinen Sie, Kollers und mein Instrument sind vorhin wirklich zu einem neuen Ton, zu einem einzigen neuen Ton verschmolzen?«

Die nicht zur Ausführung gelangte Grundidee der gegeneinandergesetzten Musikerporträts griff Chargesheimer 1961 bei der für DuMont produzierten Fotomappe »Armstrong – Fitzgerald« erneut auf.

Collage aus Fotografien von Hans Koller (Saxophon) und Bill Russo (Posaune)

Roland Kovac
am Klavier

Franz »Shorty« Roeder
am Bass

HANS KOLLER'S NEW JAZZ STARS
IM EISCAFÉ CAMPI, HOHE STRASSE, 1954/1956

Viel wurde über das legendäre Campi geschrieben, selten sind jedoch Innenansichten überliefert. Unter Chargesheimers Negativen befindet sich ein bislang unveröffentlichter bildlicher Schatz von 45 Aufnahmen mit hohem dokumentarischem Wert für die Kölner Jazzgeschichte. Im 6 x 6-Format überlieferte Chargesheimer zahlreiche Eindrücke einer Jam-Session mit dem damals unter Cool-Jazz-Fans beliebtesten Quintett des österreichischen Tenorsaxophonisten Hans Koller.

Obligatorisches Gruppenfoto im Hauptraum des Eiscafé Campi
mit Hans Koller's New Jazz Stars. Von links nach rechts: Roland Kovac (Klavier), Franz »Shorty« Roeder (Bass), Rudi Sehring (Schlagzeug), Hans Koller (Saxophon) und Albert Mangelsdorff (Posaune). In ihrer Mitte Eleonora Campi, die Schwester des Hausherrn. Gigi Campi steht in der zweiten Reihe hinter dem Bassisten.

In schicker Kleidung lauscht hier das Publikum dem »Coolen Sound«. In den 1950er Jahren entsprach es den gängigen Konventionen, bei kulturellen Veranstaltungen Anzug, Krawatte und schicke Kleider zu tragen. Interessanterweise passten sich auch die Jazzer und ihre Fans dieser Etikette an, gleichwohl gerade der Jazz als Gegenkultur für das Überwinden überkommener Normen stand.

Albert Mangelsdorff
an der Posaune

Roland Kovac
am Klavier

Publikum bei einer Jam-Session
im Eiscafé Campi, Köln, 1954/56

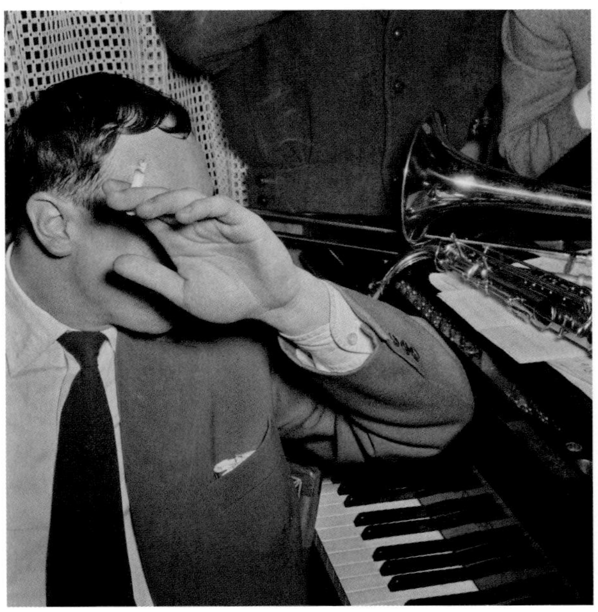

Jazz-Session
im Eiscafé Campi
Köln, 1954/56

Konzertpause
Eiscafé Campi, Köln, 1954/56

LARS »LASSE« GULLIN
BARITONSAXOPHONIST, 1956

*1928 IN VISBY, GOTLAND
†1976 IN VISSEFJÄRDA, SMÅLAND

1956 kam es in Köln durch Gigi Campis Vermittlung zur Begegnung dreier international angesagter Saxophonisten der Cool-Jazz-Szene: dem Schweden Lars Gullin, dem Amerikaner Lee Konitz und dem Österreicher Hans Koller. Nach einem gemeinsamen Konzert am 14. Januar in den Hahnentor-Lichtspielen im Rahmen der »Concerts in Modern Jazz« und Studioaufnahmen bei Mod Records im Kölner BFN-Studio gingen sie zusammen auf Europatournee.

Der Negativfilm zeigt den Baritonsaxophonisten Lars Gullin beim Kölner Konzert. Auf einigen Fotos ist Roland Kovac aus der Koller-Band zu erkennen. Chargesheimer stellte einige Aufnahmen dieser typischen fotografischen Serie, die sich durch minimal veränderte Blickwinkel und unterschiedliche Belichtungen auszeichnet, dem Grafiker von Mod Records für Werbezwecke zur Verfügung.

Lars Gullin begann seine Karriere als Jazzmusiker 1947 mit einem klassischen Klavierstudium in Stockholm. Schon bald entdeckte er seine Vorliebe für das Saxophon und den Cool Jazz. In den 50er Jahren spielte er in verschiedenen Formationen und tourte als gefragter Solist durch Europa. Dabei kam es auch zu gemeinsamen Auftritten mit Jutta Hipp und Hans Koller. 1955 begleitete er Chet Baker und dessen Band durch Europa, spielte im Jahr darauf bei Studioaufnahmen mit Baker und Caterina Valente sowie 1959 mit dem Kurt Edelhagen Orchester beim WDR in Köln.

LEE KONITZ
ALTSAXOPHONIST, 1956

* 1927 CHICAGO, ILLINOIS
† 2020 GREENWICH VILLAGE, NEW YORK CITY

Als Lee Konitz 1956 auf Einladung von Gigi Campi nach Köln kam, war der Altsaxophonist vielen europäischen Jazzliebhabern längst als bedeutender amerikanischer Vertreter des Cool Jazz bekannt. Bereits mit 21 Jahren spielte er im berühmten New Yorker Miles Davis – Gil Evans Nonett und nahm 1949–1950 an der Platteneinspielung von »Birth of the Cool« mit dem Capitol Orchestra teil. Dieses Jazzalbum stand am Übergang vom Bebop zum Cool Jazz.

In den folgenden Jahren arbeitete Konitz immer wieder mit den Cool-Jazz-Pionieren Lennie Tristano und Gerry Mulligan zusammen, spielte im Orchester von Stan Kenton und mit eigenen Bands in New York und Boston.

Lee Konitz
in Chargesheimers Atelier, Köln, 1956

Chargesheimer wurde vermutlich im Kontext der Platteneinspielungen im Kölner BFN-Studio von Gigi Campi beauftragt, Fotos von Lee Konitz anzufertigen.

Die Fotosession fand in einer Studioumgebung mit Beleuchtungslampen und Abdeckrollo statt, wahrscheinlich in Chargesheimers Atelier in der Jülicher Straße im Belgischen Viertel. Im Bildhintergrund des Konitz-Porträts ist Chargesheimers Foto der Schauspielerin Gisela Holzinger zu erkennen, mit der er eng befreundet war. Chargesheimer fotografierte den Saxophonisten im seltener benutzten 6×9-Format. Bewusst bezog er die Atelierumgebung als motivisches Element in seine Bildkomposition ein. Die lockere Studioatmosphäre untermalt augenscheinlich die »Coolness« des lässig mit brennender Zigarette im Raum stehenden Musikers.

Lee Konitz, 1956
Vintage Print, Köln, Museum Ludwig, Köln

Lee Konitz

PLATTENPRODUKTION
DER COOL-JAZZ-SZENE IN KÖLN

Campi war in den 1950er Jahren zunächst von der neu aufgekommenen Stilrichtung des Cool Jazz fasziniert, einer Spielart des Jazz, die sich durch ruhige, geschwungene Melodieformen und eine lässig anmutende Spielweise auszeichnete. In weitgehend durchkomponierten Arrangements mit Einzelimprovisationen wurden Elemente aus der europäischen Kunstmusik integriert, sodass im Gegensatz zum impulsiven Bebop eine eher vergeistigte Musikform entstand. Zu den bedeutendsten europäischen Interpreten zählten Hans Koller mit seinen wechselnden Formationen und das Jutta Hipp Quintett.

Mit der Gründung seines Jazz-Labels Mod Records 1954 bot Campi den Musikern der Cool-Jazz-Szene eine einzigartige Plattform zur Veröffentlichung ihrer Kompositionen. Er überließ Hans Koller's New Jazz Stars mit Roland Kovac (Piano), Franz »Shorty« Roeder (Bass), Rudi Sehring (Schlagzeug) und Albert Mangelsdorff (Posaune) die ersten zwei Platteneinspielungen. Es folgten zahlreiche Tonaufnahmen mit weiteren Jazzmusikern wie Jutta Hipp, Johnny Fischer und Attila Zoller, bis Campi 1956 das Label einstellte. Doch die Erinnerung an diesen zurückhaltenden coolen Sound und seine Interpreten blieb erhalten: neben den akustischen Aufzeichnungen auch visuell auf den Plattencovern der Grafiker Wolfgang Raquet und Horst Geldmacher. Das Bildmaterial dafür lieferte unter anderem Chargesheimer.

Rudi Sehring (Schlagzeug) und Johnny Fischer (Bass) im Jazzkeller am Botanischen Garten in Köln-Riehl, 1955

RUDI SEHRING UND JOHNNY FISCHER
IM JAZZKELLER AM BOTANISCHEN GARTEN IN KÖLN-RIEHL, 1955

Die zwölf zusammenhängenden Aufnahmen zeigen Rudi Sehring in frontaler Ansicht hinter seinem Schlagzeug. Schräg von rechts kommt Johnny Fischer mit seinem mächtigen Kontrabass ins Bild. Die Fotosequenz wirkt wie der Mitschnitt einer Jam-Session, doch die Situation ist gestellt.

Chargesheimer nahm diese fotografische Serie für die Gestaltung der Single »Rhythm and Something More« auf, die 1955 bei Mod Records von den Cool-Jazzern Rudi Sehring, Johnny Fischer und Attila Zoller eingespielt wurde.

Die hier gezeigten Fotos fanden damals keine Verwendung. Erst 2014 griff Micha Gottschalk die sehr lebendigen Motive auf und publizierte sie auf dem Deckel seiner Jazz-Box »Mod Records Cologne. Gigi Campi: Jazz in West Germany 1954–1956« sowie auf den Hüllen der beiliegenden vier remasterten CDs.

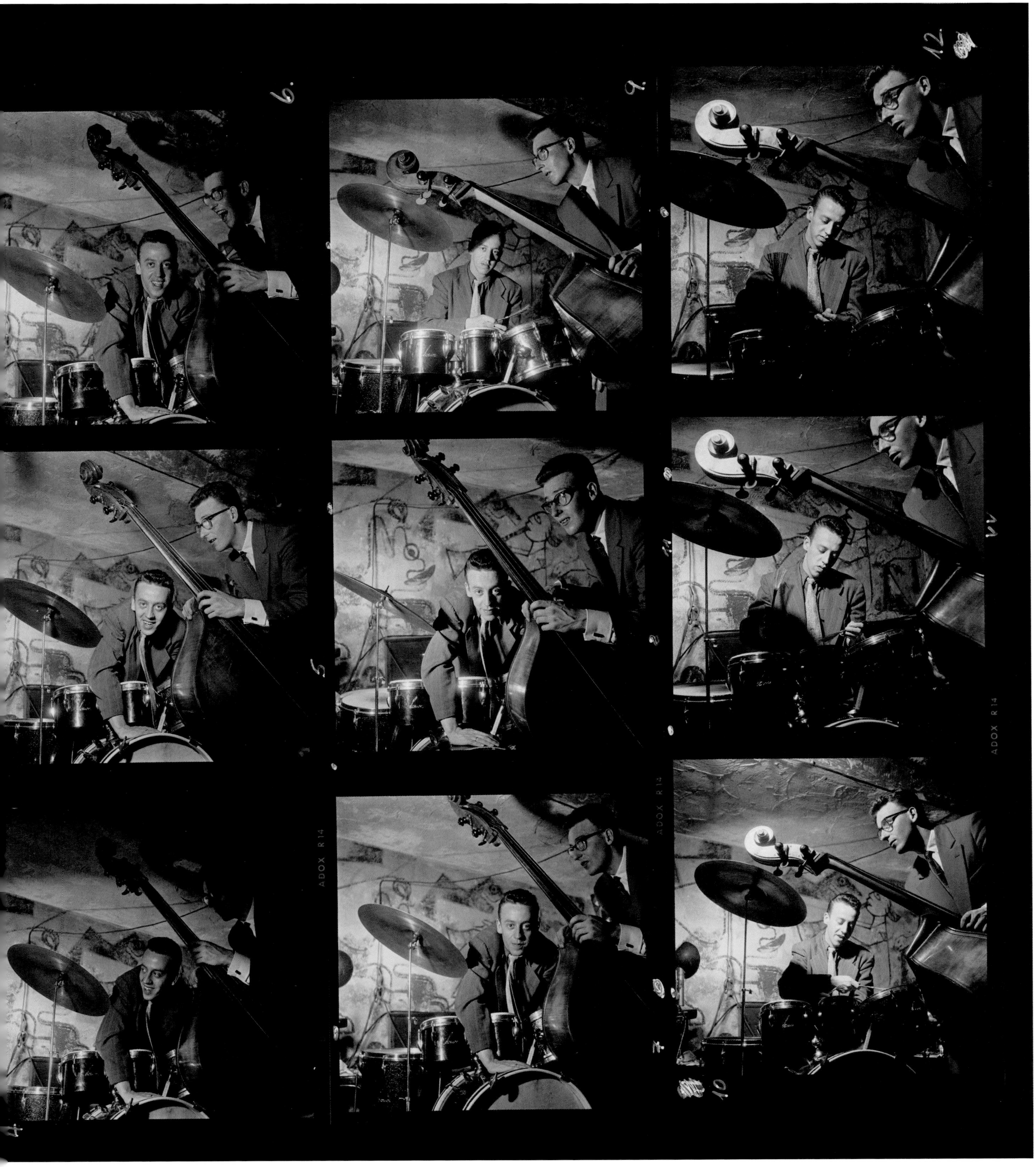
ADOX R 14
ADOX R 14
ADOX R 14

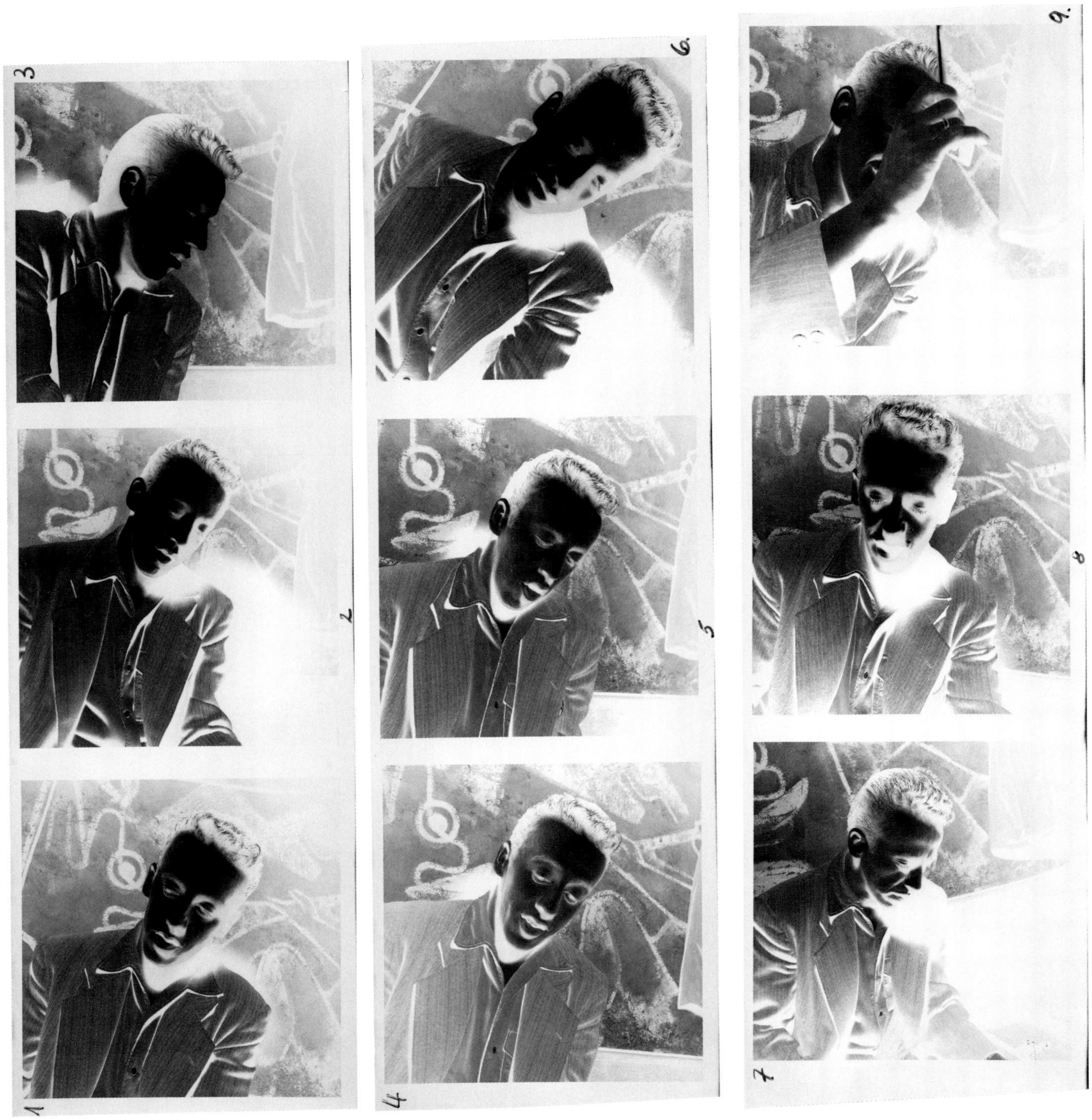

Filmstreifen im Negativ

Chargesheimer fertigte 1955 im Jazzkeller am Botanischen Garten eine weitere fotografische Serie an, diesmal mit dem Schlagzeuger Rudi Sehring im Halbporträt.

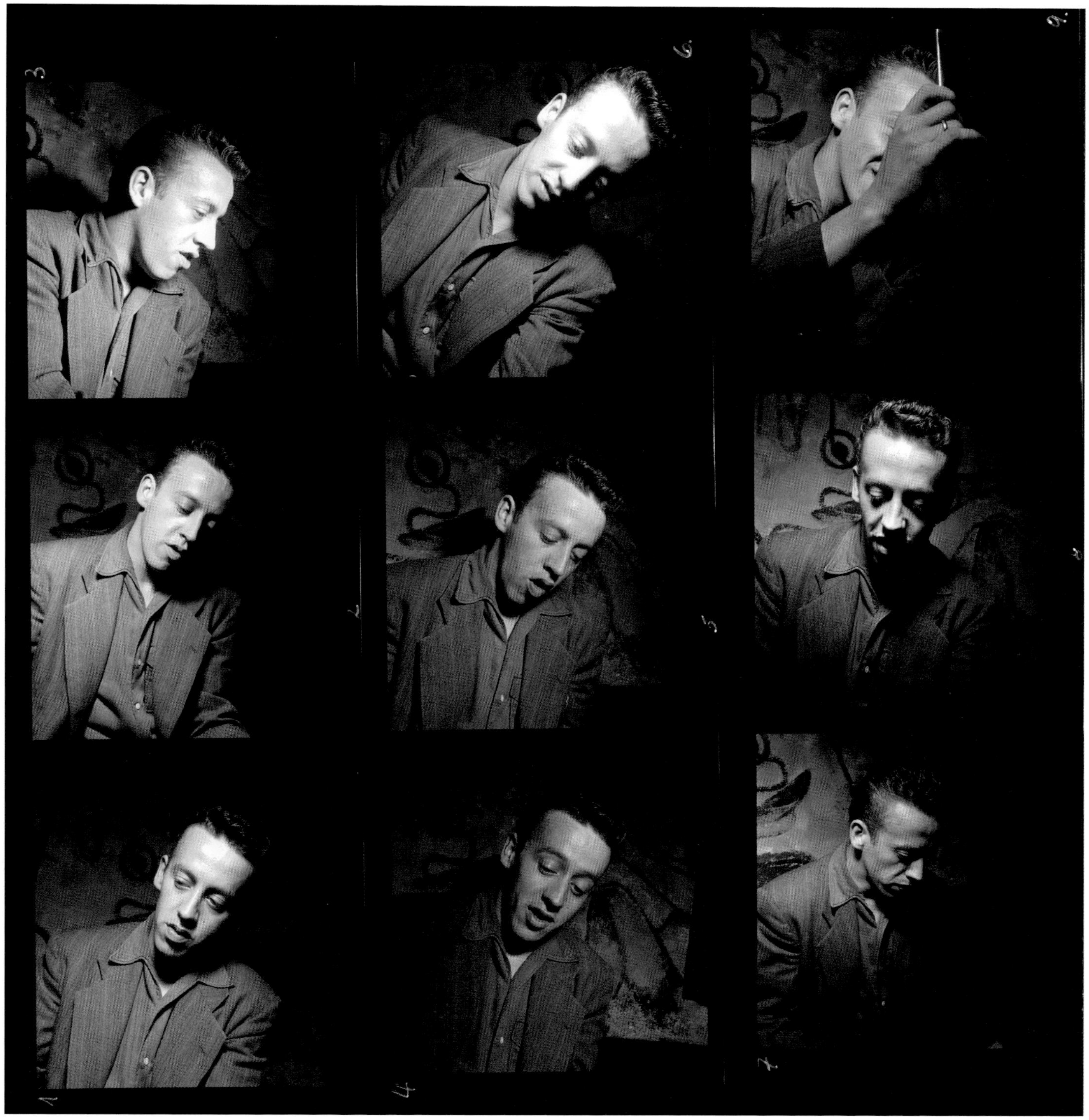

Filmstreifen im Positiv

Aus dieser Serie von neun Aufnahmen wählte er das zentrale Bild für eine weitere Bearbeitung in der Dunkelkammer aus.

Rudi Sehring
Köln, 1955

Chargesheimer veränderte im ausgewählten Foto drastisch den Bildausschnitt und verlieh damit dem aus allen räumlichen Zusammenhängen gelösten Kopf des Musikers eine unmittelbare Direktheit und monumentale Größe.

Plattencover der Single
»Rhythm and Something More«
Mod Records, Köln, 28. Juli 1955

Dieses entlang der linken Gesichtskante durch Abwedeln weich gezeichnete Porträt von Sehring übernahm wiederum der für Mod Records arbeitende Grafiker Wolfgang Raquet als flächenfüllendes Motiv für die Single »Rhythm and Something More«.

ATTILA »SHIVI« ZOLLER
GITARRIST, 1955

Der dritte Mitspieler des Rudi Sehring Trios, Attila Zoller, spielte 1955 eine eigene Single bei Mod Records ein, »Shivi Guitar«. Chargesheimer lieferte erneut eine Vorlage für die Covergestaltung, die jedoch in der Ausführung kaum noch erkennbar ist. Auch dieses Mal reduzierte er sein Negativ extrem auf einen Ausschnitt des Musikerporträts. In der Dunkelkammer belichtete er das Negativ nach und verstärkte den Kontrast zwischen Licht- und Schattenpartien.

Dieses Foto setzte der Grafiker Wolfgang Raquet als Hintergrundmotiv auf das Plattencover. Er verfremdete die Vorlage weiter, indem er über Zollers Gesicht vegetabile Ornamente sowie eine weitere Porträtaufnahme des Musikers legte.

Plattencover der Single »Shivi Guitar« von Attila Zoller
Mod Records, Köln, 28. Juli 1955
Foto: Chargesheimer, Gestaltung: Wolfgang Raquet

GASTKONZERTE
INTERNATIONALE STARS IN KÖLN 1953–1959

Louis Armstrong
aus der Chargesheimer-Mappe
»Armstrong – Fitzgerald«,
DuMont Schauberg, Köln, 1961
Leihgabe aus Privatbesitz

JOSEPHINE BAKER
TÄNZERIN UND JAZZSÄNGERIN, 1953

Josephine Baker weilte am 7. März 1953 in Köln. Auch Chargesheimer stand im Bann der berühmten Diva. Ihm gelangen hinter der Bühne drei Schnappschüsse vor unruhigem Hintergrund. Ein Negativ wählte er aus und bearbeitete es in einem äußerst kreativen Schaffensprozess in der Dunkelkammer. Durch Beschnitt und extreme Nachbelichtung wandelte er sein belangloses Halbporträt in eine faszinierende Kopfstudie um. Auf seinem Abzug tritt das schwer vom Leben gezeichnete Antlitz der Sängerin aus einem tiefschwarzen Abgrund auf nahezu magische Weise hervor und dem Betrachter entgegen.

Deutlich zeigt das Beispiel, dass nur der von Chargesheimer gefertigte Abzug als Original gelten darf. Dieser Vintage Print ist seine autorisierte Interpretation der Aufnahme. Doch auch der Erhalt seiner Negative ist wichtig. Erst in der Gegenüberstellung von Negativ und Abzug wird der eigentliche künstlerische Akt des Fotografen erkennbar.

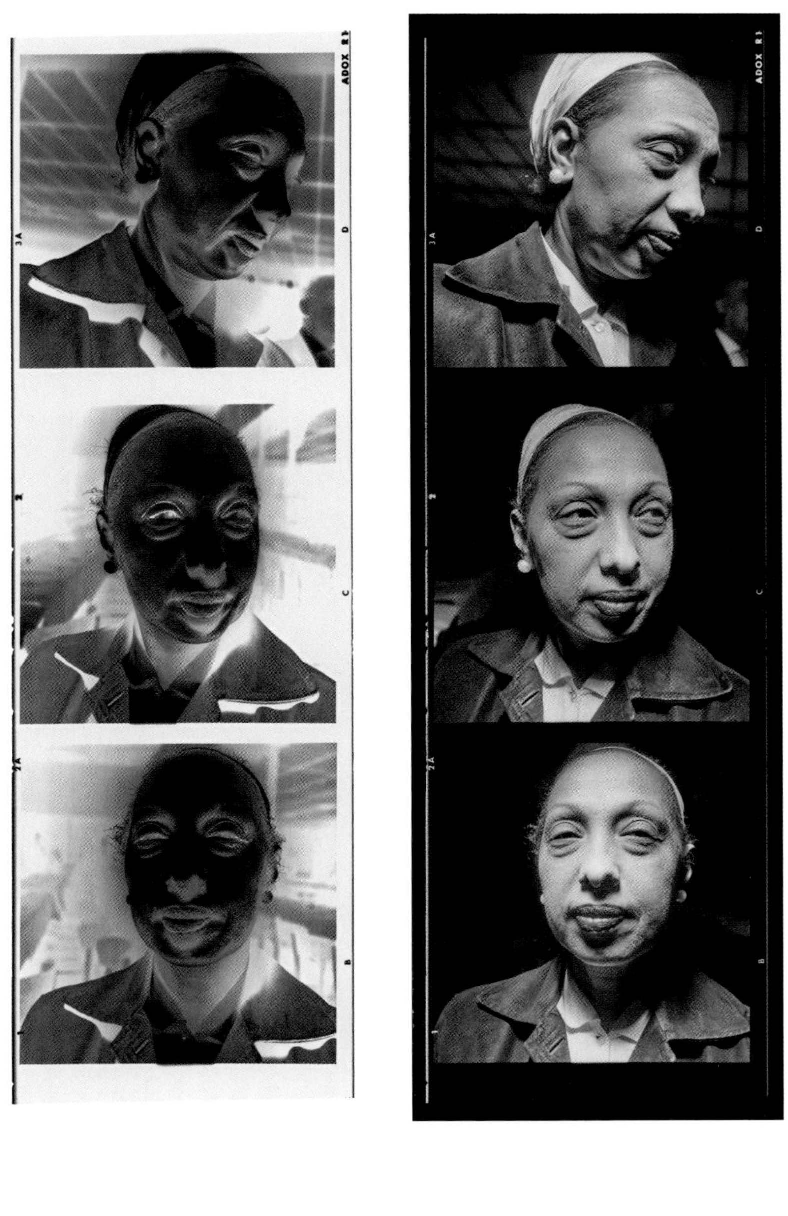

Filmstreifen im Negativ und Positiv

Josephine Baker
Vintage Print, Museum Ludwig, Köln, 1953

WOODY HERMAN
KLARINETTIST, SÄNGER UND BANDLEADER

* 1913 IN MILWAUKEE, WISCONSIN
† 1987 IN LOS ANGELES, KALIFORNIEN

Woody Herman ist eines der großen amerikanischen Idole der Jazzmusik. Bereits als Neunjähriger trat er öffentlich auf und galt als »Wunderkind«. Mit 17 Jahren verließ er seine Heimatstadt, als 23-Jähriger gründete er mit The Band That Plays the Blues seine erste eigene Jazzband. Im Verlauf seines Lebens folgten zahlreiche weitere Big-Band-Gründungen, die er ab ca. 1945 »Herd« oder »Herman's Herd« nannte. In den frühen Jahren stark vom Blues geprägt, öffnete sich Herman zunehmend dem Swing, integrierte ab 1947 Bebop-Elemente in sein Spiel und stand in den 1950er Jahren vorübergehend unter dem Einfluss des Cool Jazz.

WOODY HERMAN MIT SEINER BAND
IM WILLIAMSBAU, 1954

Als Woody Herman 1954 mit seiner Third Herd durch Europa tourte und in zahlreichen Städten gastierte, gab er am 10. April 1954 auch ein umjubeltes Konzert im Kölner Williamsbau. Chargesheimer fing diesen Gastauftritt der berühmten »weißen« Big Band, die sich erfolgreich neben Big Bands afroamerikanischer Musiker um Count Basie und Duke Ellington behaupten konnte, in stimmungsvollen Bildern ein. Zugleich hinterließ er mit diesen Aufnahmen seltene Innenansichten des ersten großen Kölner Veranstaltungssaals der Nachkriegszeit und gewährt uns mit seiner Kamera einen ungewohnten Blick in die provisorischen Bühnenaufbauten.

Musiker der Third Herd
Köln, 1954

WILLIAMSBAU
KULTURORT DER NACHKRIEGSZEIT

Zeltbauten und bürgerliches Engagement für kulturelle Zwecke haben in Köln Tradition. Nach dem Zweiten Weltkrieg waren sämtliche großen Veranstaltungsräume im Stadtgebiet zerstört. Kurzerhand stellten die Zirkusdirektoren Carola und Harry Williams ihren als Winterquartier geplanten Zeltbau an der Aachener Straße / Ecke Innere Kanalstraße der Stadt zur Verfügung. Das beheizte und befestigte Zelt, entworfen und errichtet nach den Plänen des Architekten Wilhelm Koep, wurde nach zweijähriger Bauzeit im Juli 1947 eingeweiht. Die Kölner erhielten damit bereits in der frühen Nachkriegszeit einen geeigneten großen Veranstaltungssaal für Karneval, Sport, politische Zusammenkünfte und Konzerte. Bis zu 2.500 Personen fanden in dem umfunktionierten Zirkuszelt Platz. Nachdem 1955 der Gürzenich wiederöffnete, wurde das Provisorium überflüssig und 1956 abgerissen. Der Circus Williams zog nach Mülheim um.

Ralph Burns (Klavier) und Woody Herman (Klarinette)
Köln, 1954

Woody Herman mit seiner Third Herd
im Williamsbau, Köln, 1954

Woody Herman, 1954
Vintage Print, Museum Ludwig, Köln

WOODY HERMAN, 1954
CHARGESHEIMERS LICHTMONTAGE

Dieser interessante Vintage Print vom Auftritt der Woody Herman Band im Williamsbau an der Aachener Straße befindet sich seit 1978 im Museum Ludwig. Chargesheimer nutzte hier die Technik der Fotomontage, um das musikalische Ereignis spannend in Szene zu setzen. Er experimentierte gekonnt sowohl mit der Raumperspektive, den verschiedenen Ansichten von Personen, Instrumenten, als auch den mehrfach im Bild vorhandenen, sich von links nach rechts verkleinernden Mikrofonen. Der Bandleader Woody Herman taucht aus verschiedenen Blickwinkeln fotografiert gleich dreimal im Bild auf: Links verbindet sich seine herabhängende Hand mit den Händen des Saxophonisten, in der Mitte ist seiner Schulter ein grell leuchtender Scheinwerfer vorgelegt, rechts erscheint sein Kopf hinter der scheinbar durchgebrochenen Säule, während sein Körper jener vorgelagert ist.

Beim Vertiefen in das Foto lassen sich immer mehr Details – wie die Vielansichtigkeit des Saxophons – entdecken, die einander durchdringen oder überlagern. Chargesheimer brachte die Bildelemente aus drei jetzt im Negativnachlass des Rheinischen Bildarchivs aufgefundenen Negativen in einen neuen Zusammenhang. In der Dunkelkammer spiegelte er zwei Aufnahmen, legte dann die drei Negative mit minimalen Verschiebungen als sogenanntes »Sandwich« übereinander und kopierte sie vermutlich während des Vergrößerungsprozesses zusammen auf das gleiche Untergrundpapier. Perfekt stimmte er dabei in seiner Lichtmontage die einzelnen Ausschnitte aufeinander ab und erzeugte eine völlig neue illusionistische Bildkomposition.

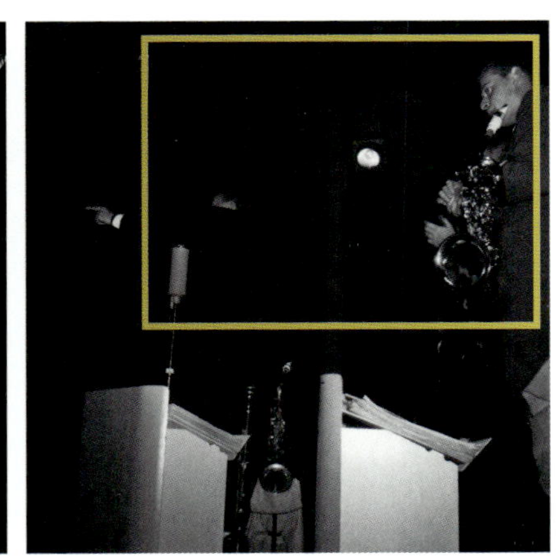

Woody Herman, 1954
Mit Ausschnitten dieser drei Negative experimentierte Chargesheimer in einem komplizierten Prozess in der Dunkelkammer.

JAZZ CLUB USA
EUROPATOURNEE 1954

Zehn Musiker begaben sich 1954 zusammen mit der berühmten Jazzsängerin Billie Holiday auf Europatournee, organisiert von dem amerikanischen Impresario Leonard Feather. Nach dessen Radioshow beim Sender Voice of America benannt, lief die Tour unter dem Namen »Jazz Club USA«.

Am 22. Januar gastierten die Musiker für einen Abend in Köln-Deutz in der Messehalle V. Chargesheimer hielt das Ereignis in seinen Aufnahmen fest. Fasziniert von Billies Ausstrahlung gelangen ihm zwei beeindruckende Bühnenaufnahmen der »Lady Day«, jedoch sind keine Abzüge davon bekannt. Negative von diesem Konzert blieben nur vereinzelt erhalten.

Gene Wright am Bass
Köln, 1954

Billie Holiday
Köln-Deutz, Messehalle V, 1954

Gene Wright (Bass) und Buddy DeFranco (Klarinette)
Köln, 1954

Sonny Clark am Klavier
Köln, 1954

Gene Wright
hinter der Bühne,
Köln, 1954

Red Norvo (Vibraphon)
und Red Mitchell (Bass)
Köln, 1954

BILLIE HOLIDAY
JAZZSÄNGERIN

* 1915 IN PHILADELPHIA
† 1959 IN NEW YORK CITY

Wie bei vielen Jazzmusikern aus bitterarmen Verhältnissen gibt es auch bei der »Lady Day« ungesicherte Geschichten über ihre Herkunft und Kindheit. Wohl schon in jungen Jahren sexuell missbraucht und in Bordellen ausgebeutet, trat Billie Holiday bereits als Teenagerin in Clubs auf und wurde dort 1933 von der Plattenindustrie entdeckt. Ihre authentischen Interpretationen und eigenwilligen Improvisationen machten sie rasch berühmt. Als erste schwarze Sängerin trat sie mit weißen Musikern auf, doch die Demütigungen schwarzer Künstler (Zutritt über Hintereingänge, schäbige Garderoben, separate Mahlzeiten und Hotelzimmer *»For Colored only«*) blieben ihr nicht erspart. Abends auf der Bühne jedoch, mit einer weißen Gardenie im Haar, wurde sie vom weißen Publikum als Star umjubelt.

1939 sang Holiday mit 24 Jahren erstmals im New Yorker Jazzclub Café Society den Song »Strange Fruit«, der die Lynchjustiz an Afroamerikanern in Amerikas Südstaaten anprangerte. Ihr mutiges Auftreten gegen die Rassendiskriminierung machte sie weltweit berühmt. Der Song, von offizieller Seite verboten, wurde ihr größter Hit. Ihre Plattenaufnahmen ließen sie zur Legende werden als eine der größten Jazzsängerinnen aller Zeiten.

Originaler Kontaktstreifen
von Chargesheimer

BILLIE HOLIDAY
KÖLN-DEUTZ 1954

Ihr Dasein als Star überforderte Billie Holiday. Drogen, Alkohol und die Abhängigkeit von gewalttätigen Männern wie Louis McKay dominierten schon früh ihr Leben. 1954 bei ihrem Gastspiel in Köln war sie bereits gesundheitlich stark angeschlagen, doch im gleißenden Rampenlicht der Bühne strahlte sie nach wie vor eine ungeheure Präsenz aus.

Chargesheimer fotografierte sie während und nach dem Konzert. Letztere Aufnahmen entstanden eher zufällig, vielleicht im Gespräch mit Journalisten. Holiday posierte sichtlich froh und erleichtert nach erfolgreichem Auftritt mit ihrem Liebhaber McKay vor der Kamera.

Durch Ausbelichtung und Beschneidung des Negativs entwickelte Chargesheimer in der Dunkelkammer das wunderbare Doppelporträt mit der scheinbar glücklichen Künstlerin.

Billie Holiday mit ihrem Lebensgefährten und Manager Louis McKay
Köln, 1954
Vintage Print in Privatbesitz

Ein zweites von Chargesheimer bearbeitetes Foto blickt tiefer in die Seele der großen Jazzsängerin. Hier gelang es ihm durch Spiegelung, Beschneidung und Ausbelichtung des Negativs, das Antlitz ihres tragischen Lebens ans Licht zu holen.

Fünf Jahre nach dem Kölner Konzert verstarb Billie Holiday im Alter von 44 Jahren völlig verarmt an Leber- und Herzversagen.

Billie Holiday mit Louis McKay
originale Kontaktstreifen von Chargesheimer

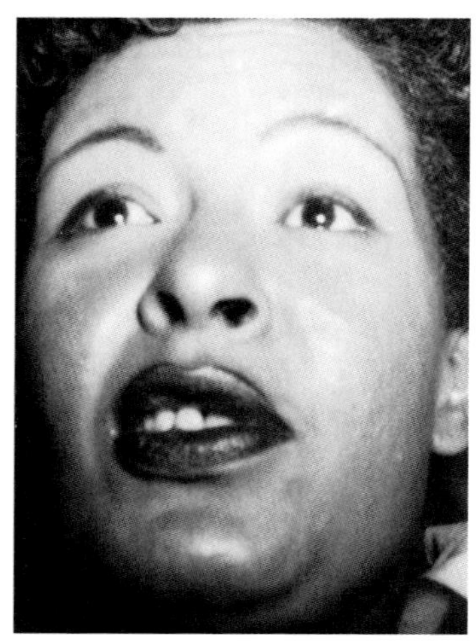

Zwei gespiegelte, beschnittene Digitalisate
der FotoMedienWerkstatt
des Rheinischen Bildarchivs

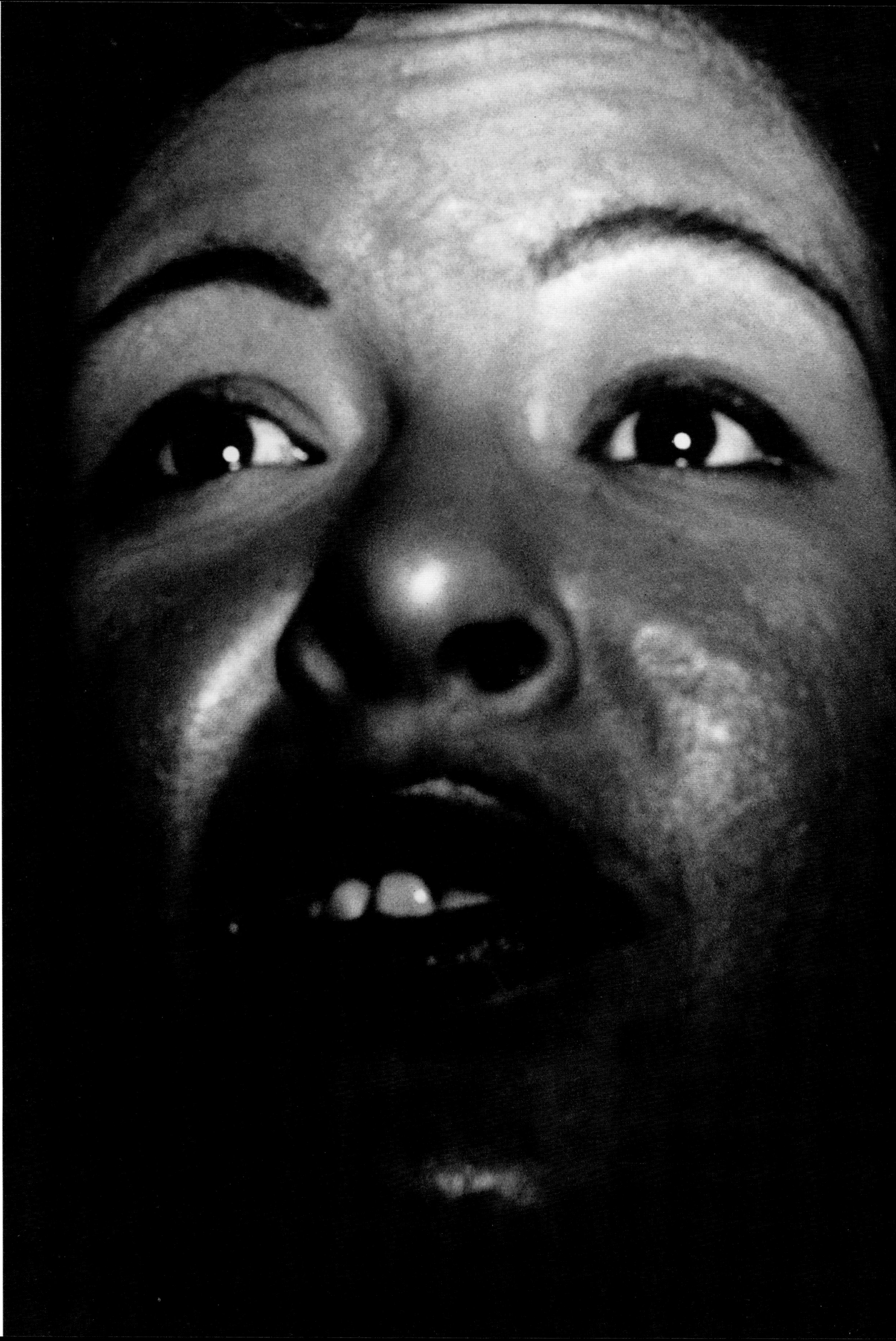

Billie Holiday, Vokalistin
Vintage Print, Museum Ludwig, Köln 1954

CHET BAKER
TROMPETER UND SÄNGER

* 1929 IN YALE, OKLAHOMA
† 1988 IN AMSTERDAM

Bakers professionelle Karriere begann im Frühjahr 1952 als Trompeter in der Band von Charlie Parker. Im gleichen Jahr spielte er im »klavierlosen Quartett« von Gerry Mulligan im The Haig in Los Angeles. Dabei entwickelte er auf seiner Trompete einen klaren, ungemein melancholischen Ton. Sein Song »My Funny Valentine« wurde 1952 zum absoluten Hit und Baker mit seiner hingehauchten Stimme zum großen Star. Neben Mulligan galt er als einer der führenden Köpfe des »Westküsten-Cool-Jazz«.

Mit einer neuen Formation ging Baker auf Einladung von Gigi Campi auf Europatournee. Amsterdam, Köln, Paris waren die ersten Stationen.

Im weiteren Verlauf des Jahres reiste Baker auf Vermittlung des Jazzjournalisten Joachim-Ernst Berendt zum Südwestfunk nach Baden-Baden. Dort spielte er mit dem Kurt Edelhagen Orchester und der Sängerin Caterina Valente die lyrische Platte »I'll Remember April« ein. 1956 kehrten Baker und seine Band in die USA zurück.

Chet Baker
Köln, um 1955
Vintage Print, Kölnisches Stadtmuseum

Chet Baker mit Band und Hans Koller
bei den »Concerts in Modern Jazz«
im Kölner Börsensaal, 1955

CHET BAKER QUARTET
DAS KÖLN-KONZERT 1955

Am 9. Oktober 1955 traten Chet Baker, Dick Twardzik (Klavier), Pete Littman (Schlagzeug) und Jimmy Bond (Bass) im Kölner Börsensaal auf. Später am Abend kamen Hans Koller (Tenorsaxophon) und Willi Sanner (Basssaxophon) hinzu. Organisiert und moderiert wurde das Konzert von Gigi Campi.

Chargesheimer hielt den Auftritt fotografisch fest. Seine Kamera war allein auf Chet Baker fixiert, den er von allen Seiten ins Bild brachte. Ein erhaltener Abzug zeigt heute eine interessante bräunliche Einfärbung, die aus dem ungenügenden Auswaschen des Fixierbades während der Entwicklung des Bildes in der Dunkelkammer resultiert (S. 122/23). Schwarze, den Bildschatten entsprechende Linien konturieren auffällig das weiße, sich scheinbar in der Musik auflösende Gesicht und die Trompete.

Ohne es zu wissen, hielt Chargesheimer die vielleicht letzten überlieferten Fotos der Band in dieser Besetzung fest. Zwölf Tage darauf starb Twardzik an einer Überdosis Heroin. Er wurde in seinem Pariser Hotelzimmer am 21. Oktober 1955 von dem befreundeten Saxophonisten Lars Gullin tot aufgefunden. Baker, längst selbst drogenabhängig, gewann als Ersatz für die weitere Tour den belgischen Pianisten Francy Boland.

Chet Baker mit Band im Börsensaal, 1955
Chet Baker (Trompete), Dick Twardzik (Klavier), Pete Littman (Schlagzeug) und Jimmy Bond (Bass)

SIDNEY BECHET
EINE JAZZLEGENDE IN KÖLN, 1957

1957 gastierte Sidney Bechet mit der Band von André Réwéliotty in Köln. Hochverehrt in seiner Wahlheimat Frankreich, wurden seine New-Orleans-Evergreens auch im Gürzenich vom Kölner Publikum mit Interesse aufgenommen.

Chargesheimer war von der Ausstrahlung des alternden Musikers fasziniert und gewann ihn für eine Porträtsitzung. Schon seine Negative sind in ihrer ungeschönten Direktheit beeindruckend. Jede Falte im Gesicht, schwere Tränensäcke, aufgedunsene Wangen sind deutlich abgelichtet. Für den stark bearbeiteten Abzug verstärkte Chargesheimer diese Partien noch. Mittels einfallendem Licht modellierte er aus tiefem Schwarz ein Antlitz voller Spuren, die Abgründe und Höhen eines menschlichen Lebens bezeugen.

Gegenüber Daniel Masclet von der Zeitschrift Photo Cinema äußert Chargesheimer 1957 beim Vorzeigen seiner Fotografien seine Faszination für diesen Musiker:

»DA, SYDNEY BECHET – PHOTOGEN IST BECHET! SEHR PHOTOGEN ...«

Sidney Bechet
Repro aus: Zwischenbilanz 1961, Abb. 80
Rheinisches Bildarchiv Köln

Sidney Bechet
in Köln, 1957

Sidney Bechet
mit der André Réwéliotty Band
im Kölner Gürzenich, 1957

SIDNEY BECHET
SAXOPHONIST UND KLARINETTIST

* 1897 IN NEW ORLEANS
† 1959 IN GARCHES BEI PARIS

Sidney Bechets Karriere begann in frühester Kindheit in New Orleans. Bereits mit acht Jahren galt er als Wunderkind an der Klarinette, mit 17 ging er über Chicago nach New York. 1919 kam er erstmals nach Europa, wo er seine Leidenschaft für das Sopransaxophon entdeckte. In den folgenden Jahren spielte er mit bekannten Jazzgrößen wie Bessie Smith, Louis Armstrong und Duke Ellington. Ab 1925 tourte er erfolgreich mit der »Revue nègre« und Josephine Baker durch viele europäische Metropolen.

Doch Bechet wurde nicht nur als virtuoser Musiker bekannt. Impulsiv und ungestüm geriet er mehrfach mit dem Gesetz in Konflikt, wurde 1920 aus London ausgewiesen und 1928 nach einem Streit unter Musikern mit Schussverletzung in Paris zu einer mehrmonatigen Gefängnisstrafe verurteilt. Die Jahre danach verbrachte er zurückgezogen in Harlem als Besitzer einer Herrenschneiderei.

Als Ende der 1930er Jahre das Interesse der Plattenfirmen am »authentischen« New Orleans Jazz erneut erwachte, gelang Bechet ein unverhofftes Revival. 1939 machte er Aufnahmen für Blue Note Records. Seine Einspielung »Summertime« wurde der erste große Hit dieses gerade erst gegründeten aufstrebenden Labels. Auf dem »Festival International 1949 de Jazz« avancierte Bechet endgültig zum gefeierten Star. Überrascht von diesem Erfolg und von der unerwarteten Unbefangenheit, mit der man ihm als Afroamerikaner in Europa gegenübertrat, beschloss er, in Frankreich zu bleiben. Bis zu seinem Tod 1959 spielte und komponierte Bechet erfolgreich in seiner neuen Heimat.

Sidney Bechet
bei einer Fotosession
in Köln, 1957

DUKE ELLINGTON
KÖLNER MESSEHALLEN, 1959

Am 21. Oktober 1959 war einer der berühmtesten Jazzmusiker in der Halle VIII der Kölner Messe zu Gast. Chargesheimer begegnete Duke Ellington hinter der Bühne. In dessen Garderobe gelangen ihm eindrucksvolle, lebendige Aufnahmen des Weltstars. Fotografien des Konzerts selbst sind nicht überliefert. Im Negativnachlass befinden sich nur vier Porträts. Diese Negative zeugen einmal mehr von Chargesheimers ausgeprägtem fotografischem Talent, charakterliche Eigenheiten eines Menschen zu erfassen und unmittelbar in einem Porträt festzuhalten.

ELLA FITZGERALD
JAZZSÄNGERIN, 1957

* 1917 IN NEWPORT NEWS, VIRGINIA
† 1996 IN BEVERLY HILLS, KALIFORNIEN

Als uneheliches Kind geboren, durchlebte Ella Fitzgerald nach dem frühen Tod ihrer Mutter eine schwere Kindheit, die sie zeitweilig in einer Erziehungsanstalt verbrachte. 1934 wurde sie bei einem Amateurwettbewerb in Harlem entdeckt. Bereits im Jahr darauf sang sie in der Band des Schlagzeugers Chick Webb, nahm erste Platten mit ihm auf und landete 1938 mit »A Tisket, a Tasket« ihren ersten Hit. Als 1939 Webb verstarb, übernahm sie die Band. 1941 startete Fitzgerald ihre Solokariere und erlangte mit ihrer beeindruckenden Musikalität und ihrem gewaltigen Stimmumfang von drei Oktaven Weltruhm. Sie konnte ihre Stimme wie ein Instrument einsetzen, ihr virtuoser Scatgesang wurde zu ihrem Markenzeichen.

Trotz ihrer großen Popularität litt auch Fitzgerald unter der Rassendiskriminierung. Erst ab den 1950er Jahren erhielt sie zunehmend Auftrittsmöglichkeiten auf den großen Bühnen Amerikas. Unterstützung fand sie dabei durch Marilyn Monroe, mit der sie eine tiefe Freundschaft verband.

Auf den internationalen Konzerttourneen »Jazz at the Philharmonic«, organisiert von ihrem engen Vertrauten Norman Granz, wurde Ella Fitzgerald längst gefeiert. Der amerikanische Konzertunternehmer und Produzent schickte sie mit Jazzgrößen wie Dizzy Gillespie, Gene Kupa, Oscar Peterson und vielen anderen um die Welt.

1956 gastierte sie im Kölner Börsensaal, bereits im Jahr darauf gab sie ein abendfüllendes Programm im Gürzenich. 1974 begeisterte sie in der Kölner Sporthalle das Publikum erneut mit ihrem atemberaubenden Gesang.

Ella Fitzgerald
aus der Chargesheimer-Mappe
»Armstrong – Fitzgerald«,
DuMont Schauberg, Köln, 1961
Leihgabe aus Privatbesitz

DIE JAZZKÖNIGIN ELLA FITZGERALD
IM KÖLNER GÜRZENICH, 1957

Im Mai 1957 gastierte Ella Fitzgerald auf Einladung der »Deutschen Jazz Föderation« zum zweiten Mal in Köln, zusammen mit Don Abney, Ray Brown, Jo Jones und Herb Ellis.

Mit ihrer überwältigenden Bühnenpräsenz und Ausstrahlung zog die Jazzsängerin auch Chargesheimer vollständig in ihren Bann. Auf sechs Negativfilmen mit 71 Fotos hielt er ihren Auftritt im Gürzenich fest. Die sie begleitenden Künstler fanden seine Aufmerksamkeit nicht.

Film 3619

LOUIS »SATCHMO« ARMSTRONG
TROMPETER, 1959

* 1901 IN NEW ORLEANS
† 1971 IN NEW YORK CITY

In ärmsten Verhältnissen aufgewachsen, kam Louis Armstrong in einem Obdachlosenheim für afroamerikanische Kinder erstmals mit dem Kornett in Berührung. 1927 wechselte er zur Trompete und erzielte in den folgenden Jahren an diesem Instrument zahlreiche Hits. Er spielte und sang in wechselnden Big Bands und erlangte mit seiner swingenden Musik, später auch als Entertainer, Weltruhm. Nach dem Krieg fand er zum New Orleans Jazz zurück und ging mit seinen »All Stars« regelmäßig auf Welttournee. Als einer der ersten Stars nutzte er seine Popularität für völkerverbindende Konzertauftritte in den ehemaligen Ostblockländern sowie in afrikanischen und asiatischen Staaten.

1952 wurde Armstrong auf einer Europatournee von den Kölnern bei einem Konzert in der Messehalle bejubelt. Sieben Jahre darauf machte er in Köln nochmals Station. Bei letzterem Konzert war Chargesheimer mit seiner Kamera dabei.

Louis Armstrong
aus der Chargesheimer-Mappe
»Armstrong – Fitzgerald«,
DuMont Schauberg, Köln, 1961
Leihgabe aus Privatbesitz

LOUIS ARMSTRONG UND DIE ALL STAR
IM KÖLNER GÜRZENICH, 1959

1959 machte Louis Armstrong während seiner Europatournee auf dem Weg von Berlin nach Italien mit seinen »All Stars« erneut in Köln Station. Chargesheimer war dabei und fotografierte Armstrong zusammen mit dem Posaunisten Trummy Young und dem Bassisten Mort Herbert aus Untersicht auf erhöhter Bühne. In seinem Negativnachlass ist nur ein Film von diesem Ereignis erhalten. Dass noch weitere Negativfilme existiert haben müssen, zeigen die grandiosen Fotos von demselben Konzert, die Chargesheimer zwei Jahre darauf bei DuMont in seiner Mappe »Armstrong – Fitzgerald« publizierte.

Deckblatt der Chargesheimer-Mappe
»Armstrong – Fitzgerald«, DuMont Schauberg, Köln, 1961
Leihgabe aus Privatbesitz

CHARGESHEIMER: ARMSTRONG – FITZGERALD
PORTFOLIO KÖLN, DUMONT SCHAUBERG, 1961

1961 publizierte Chargesheimer im DuMont Verlag eine Mappe mit 16 lose eingelegten großformatigen Aufnahmen (40 × 30) von Ella Fitzgerald und Louis Armstrong.

Die Aufnahmen sind ohne Verweis auf ihre Entstehung in locker wechselnder Bildfolge zusammengestellt. Auf dem Vorsatzblatt montierte Chargesheimer kongenial die Büsten beider Musiker gegeneinander und ließ ihre Köpfe durch kreisrunde Ausschnitte auf dem Deckblatt erscheinen. Auf diese Weise erweckte er den Eindruck, dass seine Fotografien bei einem gemeinsamen Konzert beider Künstler entstanden seien. Tatsächlich aber traten Fitzgerald und Armstrong nie zusammen in Köln auf.

Kultstatus erlangten auch in Deutschland allerdings ihre gemeinsam produzierten Platten, die 1956 und 1957 in den Los Angeles Studios bei Verve Records erschienen: »Louis Armstrong & Ella Fitzgerald«, »Louis & Ella« sowie »Ella & Louis Again«. Davon inspiriert, konzipierte Chargesheimer in seiner Mappe ein fiktives Konzert beider Ausnahmekünstler, indem er eine gelungene Auswahl der Konzertfotografien von 1957 und 1959 zusammenfügte.

KÖLNER BIG BANDS
JAZZ IN DEN 1950ER/60ER JAHREN

Musiker der Kenny Clarke – Francy Boland Big Band im Rhenus-Studio, Köln, 1967
Vorn: Ronnie Scott, Karl Drewo, dahinter von links nach rechts: Martin Kathmann, Jimmy Deuchar, Idrees Sulieman, Benny Bailey und Shake Keane

HARALD BANTER ENSEMBLE
WDR-FUNKHAUS, 1950ER JAHRE

Harald Banter, mit bürgerlichem Namen Gerd von Wysocki, war seit 1950 als Programmgestalter beim NWDR tätig. Als begeisterter Jazzliebhaber, Komponist und Arrangeur gründete er 1952 sein erstes Ensemble, das in wechselnder Besetzung spielte und seit 1962 als Media-Band des Westdeutschen Rundfunks auftrat.

Auf Chargesheimers Negativen ist die Band im Sendesaal des WDR-Funkhauses zu sehen. Die Aufnahmen waren gestellt, die Posen wirken etwas steif. Wahrscheinlich war der WDR Auftraggeber, der die Fotos vermutlich zu Werbezwecken anfertigen ließ. Möglicherweise entstanden sie 1956 im Vorfeld eines Auftritts des Ensembles im Gürzenich.

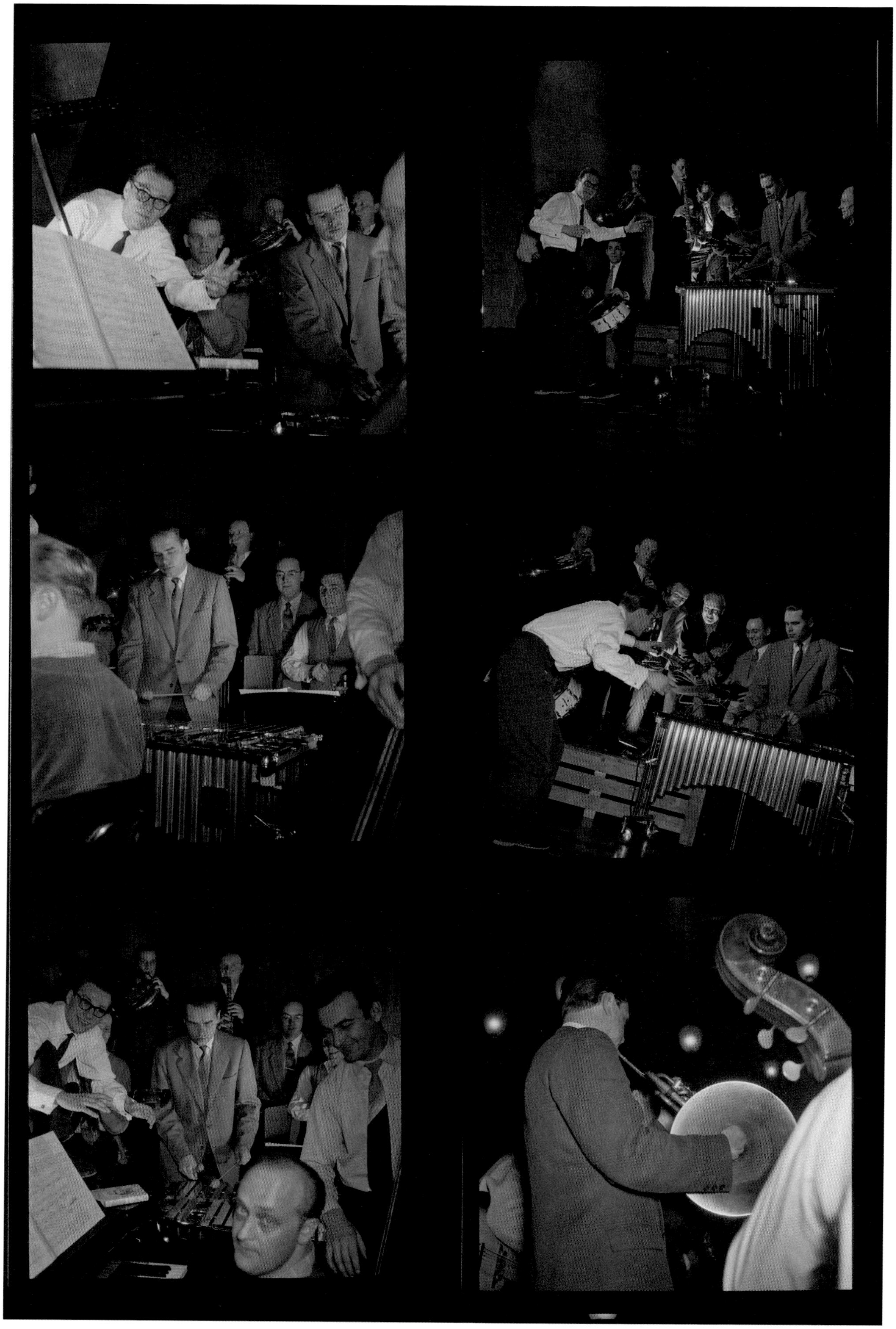

Fotosession mit dem Harald Banter Ensemble
Köln, 1950er Jahre

**Die Altsaxophonisten
Franz von Klenck (Mitte)
und Paul Biste (rechts)**
Hamburg, 1957/58

**Johnny Feigl (Baritonsaxophon)
und Paul Biste (Altsaxophon)**
Hamburg, 1957/58

ORCHESTER KURT EDELHAGEN
FUNKHAUS HAMBURG, 1957/58

1957 begann Kurt Edelhagen seine Arbeit beim Westdeutschen Rundfunk, indem er innerhalb kurzer Zeit eine international besetzte Big Band aufbaute. Die Orchesteraufnahmen erfolgten anfänglich noch im Funkhaus des NDR in Hamburg, eine Praxis, die zurückging auf den Senderverbund als NWDR bis Ende 1956.

Chargesheimer begleitete das Orchester dort bei einer Aufnahmesession mit Caterina Valente, sehr wahrscheinlich im Auftrag des WDR. Seine Fotos geben einen unverstellten Blick auf den strapaziösen Probenalltag von Dirigent und Orchester. Edelhagens perfektionistische Ansprüche und die daraus resultierende stundenlange Orchesterarbeit bei der Einspielung der einzelnen Titel waren geradezu legendär.

Kurt Edelhagen
bei einer Probe seines Orchesters im
Funkhaus Hamburg, um 1957/58

Die Posaunisten
Erich Well
und Otto Bredl
Hamburg, 1957/58

Otto Bredl
Hamburg, 1957/58

CATERINA VALENTE
MIT DEM ORCHESTER KURT EDELHAGEN, 1957/58

Anfang der 1950er Jahre wurde Kurt Edelhagen, damals Dirigent des Rundfunkorchesters beim Südwestfunk Baden-Baden, auf die junge talentierte Caterina Valente aufmerksam und engagierte sie als Jazzsängerin für sein Orchester. Neben gemeinsamen erfolgreichen Auftritten 1954 beim dritten »Salon du Jazz« in Paris und beim zweiten »Frankfurter Jazzfestival« in Frankfurt am Main begleitete sein Orchester 1956 zwei Aufnahmen der Sängerin mit dem Jazztrompeter Chet Baker.

1957/58 fertigte Chargesheimer seinen berühmten Vintage Print von Caterina Valente. Wieder holte er durch schlaglichtartige Beleuchtung ein Gesicht aus der Dunkelheit hervor und tauchte es in grelles Licht. Durch die Beschneidung des Negativs rückte er das Mikrofon übergroß in den Vordergrund und setzte es in Kontrast zu den feinen Gesichtszügen der jungen Sängerin.

Caterina Valente
Vintage Print,
Museum Ludwig, Köln,
um 1957/58

Auch in diesem Beispiel offenbaren nur die Negative, dass die Fotografien der Valente im Zusammenhang der Aufnahmesession mit dem Kurt Edelhagen Orchester im Funkhaus Hamburg entstanden. Auf allen Negativen sind die Musiker des Orchesters zu sehen, im Hintergrund erkennt man die markanten hohen Fenster und Lampenschalen des Hamburger Aufnahmeraums.

Caterina Valente
bei einer Probe im Funkhaus Hamburg,
rechts der Tenorsaxophonist Paul Martin

Caterina Valente
Negativ zum Vintage Print

KENNY CLARKE – FRANCY BOLAND BIG BAND
BIG-BAND-JAZZ MADE IN KÖLN, 1961–1972

1961 machte Gigi Campi den amerikanischen Schlagzeuger Kenny Clarke mit dem belgischen Pianisten und Arrangeur Francy Boland bekannt. Die drei Enthusiasten gründeten eine Kölner Big Band, die sich unabhängig von Rundfunkanstalten und großen Plattenstudios über zwölf Jahre hinweg mit internationaler Starbesetzung dem Jazz verschrieb.

Chargesheimer war von Beginn an dabei und holte die drei Gründer zusammen mit dem Bassisten Jimmy Woode und der zur gleichen Zeit in Köln weilenden amerikanischen Sängerin Billie Poole vor seine Kamera. Als die Sängerin aus privaten Gründen vorzeitig abreiste und die geplanten Einspielungen mit ihr nicht zustande kamen, legte Chargesheimer die Negative unbearbeitet ab.

Billie Poole, Francy Boland, Kenny Clarke und Jimmy Woode
Köln, 1961

KÖLN Tel. 2343365

Kölner Dreigestirn: Kenny Clarke, Gigi Campi und Francy Boland
Gründer und Leiter der Kenny Clarke – Francy Boland Big Band, Köln, 1961

KENNY »KLOOK« CLARKE
SCHLAGZEUGER UND BANDLEADER

* 1914 IN PITTSBURGH, PENNSYLVANIA
† 1985 IN PARIS

Kenny Clarke wuchs in einem Heim für verlassene schwarze Kinder auf, wo er seine Passion für das Schlagzeug entdeckte. Ab 1935 spielte er in New York mit vielen bekannten Jazzgrößen seiner Zeit, unter anderem mit Louis Armstrong, Ella Fitzgerald, Charlie Parker und Dizzy Gillespie. Mit Letzterem verband ihn eine lebenslange tiefe Freundschaft, geprägt von der gemeinsamen Suche nach neuen Spielformen. Clarkes Neuerungen am Schlagzeug wurden richtungsweisend für die weitere Entwicklung des Modern Jazz.

1940–1942 spielte Clarke mit Thelonious Monk und Nick Fenton in der Hausband des Harlemer Minton's Playhouse, bevor er sein eigenes Quintett gründete. Während des Zweiten Weltkriegs diente er in der Army und war in Europa stationiert. Nach Beendigung seines Militärdienstes konvertierte er zum Islam und nahm den Namen Liaquat Ali Salaam an.

1949 war Clarke an Einspielungen des Miles-Davis-Albums »Birth of the Cool« beteiligt, 1951 gehörte er zu den Gründungsmitgliedern des Modern Jazz Quartet.

Fünf Jahre darauf ging Clarke nach Paris, wo er den Rest seines Lebens verbrachte. Hier begleitete er als Studiomusiker Jazzgrößen wie Sidney Bechet, Stan Getz, Chet Baker und Lester Young. Ab 1959 erhielt er ein festes Engagement im neu eröffneten Club »Blue Note«.

Kenny Clarke am Schlagzeug
Köln, um 1961

Premier

STUDIOAUFNAHMEN VON KENNY CLARKE
VORARBEITEN FÜR EIN FOTOBUCH?

Chargesheimer fertigte in den 1960er Jahren Porträtaufnahmen von Kenny Clarke an. Besonders interessierten ihn jedoch die Bewegungsabläufe seines Schlagzeugspiels, die er in zahlreichen Fotografien dokumentierte. Möglicherweise handelte es sich bei diesen Aufnahmen um Vorarbeiten zu einem Buchprojekt zum Thema Jazz, das Chargesheimer gemeinsam mit dem befreundeten Jazzkritiker Joe Schevardo plante.

Die nur als Negative erhaltenen Fotos strahlen bereits im unbearbeiteten Zustand eine hohe künstlerische Ästhetik aus. Chargesheimer versuchte die furiose Spielweise des Schlagzeugers, die er in endlosen Studiosequenzen einfing, auf Bildebene in starken Schwarz-Weiß-Kontrasten widerzuspiegeln. Die Negative blieben unbearbeitet liegen und wurden von Chargesheimer nie veröffentlicht.

Schlagzeugstudien
mit Kenny Clarke
Köln, um 1961

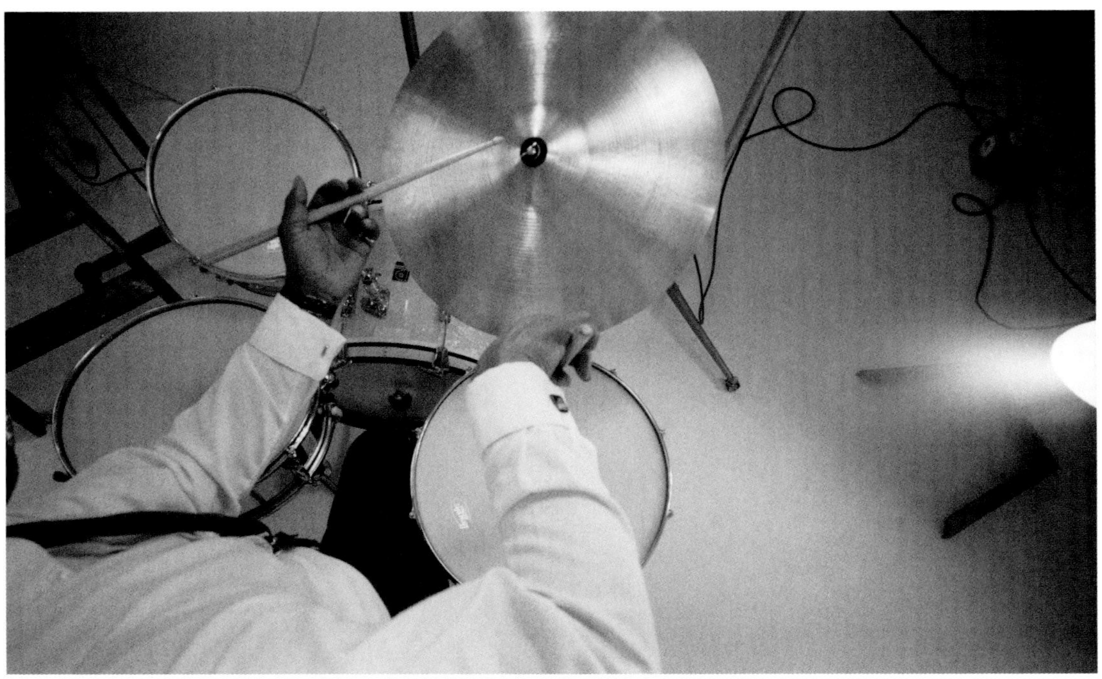

Schlagzeugstudien mit Kenny Clarke
Köln, um 1961

KENNY CLARKE – FRANCY BOLAND BIG BAND
IM RHENUS-STUDIO IN KÖLN-GODORF, 1967

Die Musiker der Kenny Clarke – Francy Boland Big Band gingen am 18. Juni 1967 ins Godorfer Rhenus-Studio. Unter der Leitung des Tonmeisters Wolfgang Hirschmann und im Beisein von Gigi Campi spielten sie Arrangements von Francy Boland ein. Chargesheimer begleitete den spannenden Prozess fotografisch. Auf beeindruckend lebendige Weise dokumentiert er die intensive Arbeit der Musiker im Studio.

Die Negative sind unbearbeitet im Nachlass überliefert. Ob ein Auftrag vorlag (womöglich von Gigi Campi) oder ob Chargesheimer im Eigeninteresse für eine eventuelle Buchpublikation fotografierte, ist nicht bekannt.

Studiosession im Rhenus-Studio
mit Sahib Shihab und Derek Humble (im Vordergrund), im Hintergrund von links nach rechts: Nat Peck, Erik van Lier und Fats Sadi, Köln, 1967

Im Rhenus-Studio
Köln-Godorf, 1967

Im Rhenus-Studio
Köln-Godorf, 1967

Die Saxophonisten der Kenny Clarke – Francy Boland Big Band
Sahib Shihab, Derek Humble, Ronnie Scott, Karl Drewo, Johnny Griffin, im Rhenus-Studio, 1967

Sahib Shihab und Åke Persson (Posaune)
links am Bildrand
Johnny Griffin, Köln, 1967

Der Komponist und Pianist Francy Boland
Köln, 1967

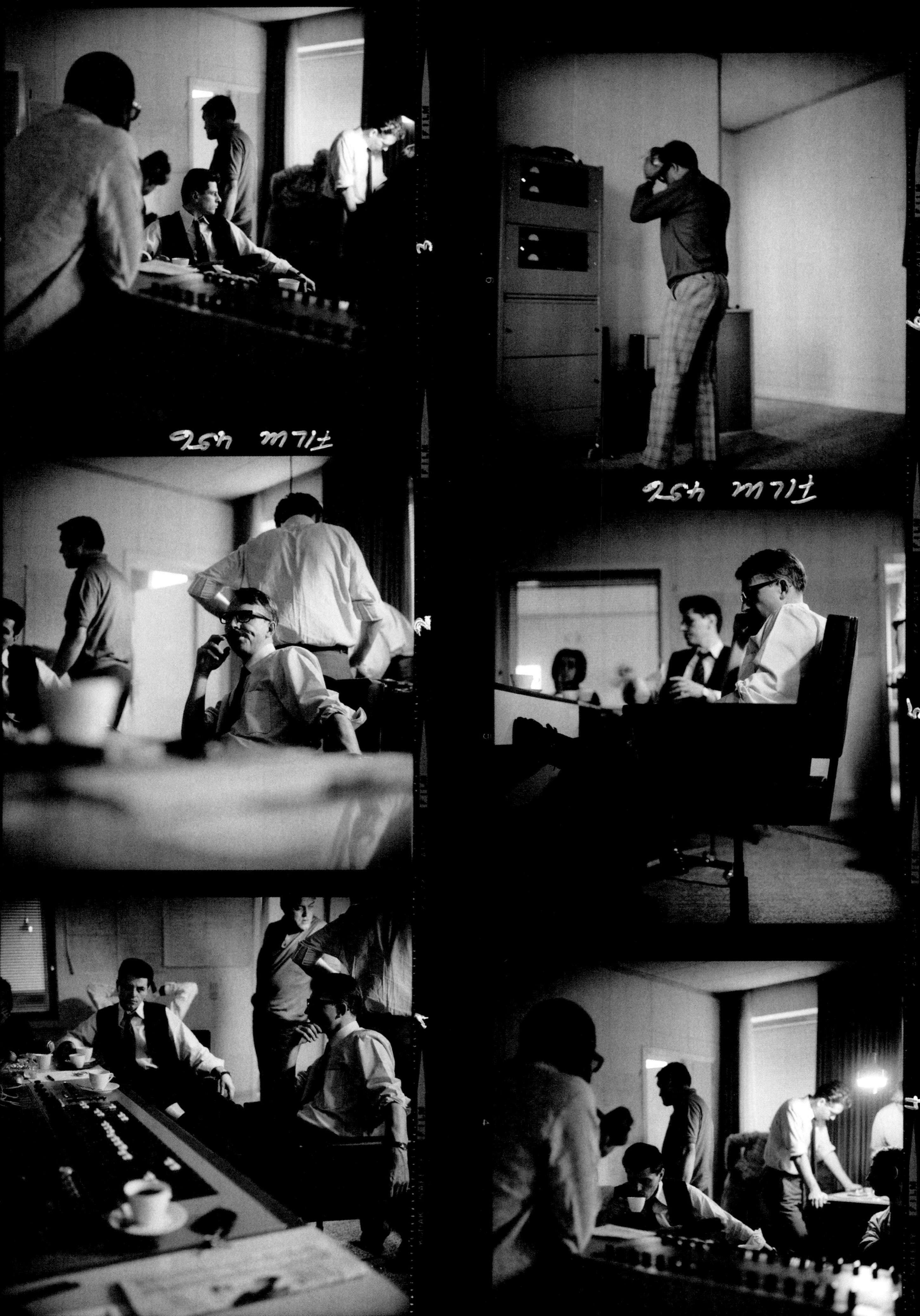

Regieraum
im Rhenus-Studio
Köln-Godorf, 1967

Sahib Shihab (Rückansicht), Gigi Campi, Åke Persson, Fats Sadi und Wolfgang Hirschmann im Rhenus-Studio in Köln, 1967

»DAS IST FÜR MICH JAZZ«
EIN GESPRÄCH MIT DEM TONMEISTER WOLFGANG HIRSCHMANN

HORST PETER KOLL

Für Schlagzeuger Kenny Clarke gab es nur drei bedeutende Musikproduzenten: Rudy van Gelder, der für Blue Note Records tätig war, den in Paris für die Barclay Studios arbeitenden Gerhard Lehner und – Wolfgang Hirschmann. Hirschmann (geboren am 8. Januar 1937 in Breslau) wurde 1958 von der EMI Electrola in Köln als Tonmeister engagiert. 1969 gründete er in Köln-Junkersdorf mit Heinz Gietz das Studio Cornet, 1986 wurde er Produzent und Redakteur der WDR Big Band. Bereits während seiner Zeit bei EMI begann seine intensive Zusammenarbeit mit Kurt Edelhagen, zeitgleich nahm Hirschmann Neue Musik von Karlheinz Stockhausen, Mauricio Kagel und David Tudor auf. Als Musikregisseur und Produzent war er für zahlreiche Musikbereiche zuständig, produzierte zum Beispiel mit Gitte Hænning und Marlene Dietrich. Vor allem prägte er maßgeblich den Sound der von Gigi Campi gegründeten Clarke – Boland Big Band: Von 1961 bis 1972 war er für alle Aufnahmen der legendären Jazz-Big-Band verantwortlich. Das Gespräch mit Wolfgang Hirschmann vorrangig über diese Jahre fand am 15. Oktober 2021 in Köln statt.

HERR HIRSCHMANN, WIE KAMEN SIE ZU IHREM BERUF BEZIEHUNGSWEISE ZU IHRER BERUFUNG?

Die Ausbildung zum Tonmeister war damals kaum bekannt. Ich lernte bei Erich Thienhaus an der Nordwestdeutschen Musikakademie in Detmold, das war das erste Ausbildungszentrum in Deutschland für Tonmeister, und zwar im klassischen Bereich. Wir haben aber auch Jazz gehört, Gerry Mulligan und so, das war »cool« und klang halbwegs akademisch. Die erste Platte, die ich mir gekauft habe, hieß »Swingende Hölzer« vom Horst Jankowski Sextett, die war – 1957 in Stuttgart – schon sehr gut aufgenommen. Jankowski war einer der begabtesten Musiker, die ich erlebt habe. Er spielte mit Peter Witte und Fritz Dautel, Hermann Mutschler, Gerry Weinkauf und Werner Baumgart, die habe ich später dann alle aufnehmen dürfen.

Der Posaunist Nat Peck in Aktion
Köln, 1967

SIE KAMEN DANN NACH KÖLN, WO SIE AUCH KURT EDELHAGEN KENNENLERNTEN.

Noch während meiner Ausbildung in Detmold kam ich erstmals 1957 nach Köln, zum Praktikum bei der EMI. Ich wusste gar nicht, was die EMI war, ich kam ja aus Weimar, war komplett vom Westen abgeschottet. Als ich hier ankam, habe ich mich in Richtung Rhein bewegt, in der Annahme, dass man dort Fisch essen könne, ich dachte, im Rhein müssten doch Süßwasserfische schwimmen. Überhaupt war ich komplett ahnungslos. Die EMI Electrola saß damals schon am Maarweg, die sind von Berlin hierhergekommen. Hauptsitz war London, dort, wo heute die Abbey Road Studios sind, da habe ich später viel aufgenommen. 1961 war ich schon fest bei der EMI, da haben wir Filmproduktionen aufgenommen, und dabei entstand die Bekanntschaft mit Kurt Edelhagen. Ich wusste nicht annähernd, wie wichtig er für mein Leben werden würde! Ich habe seine Musik aufgenommen, und er war zufrieden, wobei man mich vorgewarnt hatte: Der Edelhagen stellt alles selbst ein. Das ist doch schön, sagte ich, da muss ich mir gar keine Arbeit machen. Zuvor hatte ich bereits einige Jazz-Aufnahmen gemacht, mit Don Byas, Paul Kuhn und Rolf Kühn. Mit Kühn war das 1959, damals schon für Dietrich Schulz-Köhn. Jedenfalls sprach sich das mit Edelhagen herum, es entstanden die ersten WDR-Aufnahmen fürs Fernsehen, und so sind wir zusammengekommen.

ES GING ALSO WENIGER UM JAZZ ALS MEHR UM GUTE UNTERHALTUNGSMUSIK?

1956 war Edelhagen noch in Baden-Baden. Heinz Gietz, der Komponist, Arrangeur und Musikproduzent, musste immer von Frankfurt

Benny Bailey (Trompete) und Shake Keane
Köln, 1967

aus hinfahren, um mit seinem Partner Kurt Feltz die Playbacks aufzunehmen. Gietz bestand auf einer international tragfähigen Musikgrundlage, auch Edelhagen war sehr penibel. Er hatte ein gut trainiertes Ohr und eine gute Klangvorstellung, das hatte man auch in Köln mitbekommen. Dann hatte Gietz die Idee, Edelhagen nach Köln zu holen. Letztendlich kam der Impuls also aus der Unterhaltungsindustrie und nicht, weil Edelhagen gute Jazzer hatte, sondern grundlegend gute Musikanten. Aber gute Jazzer waren immer auch exzellente Gebrauchsmusiker. Nat Peck etwa, der später zur Clarke – Boland Big Band kam, er war erster Posaunist bei Glenn Miller, ich lernte ihn bei meinem ersten Job im Barclay Studio in Paris kennen. Peck nahm dort gerade Rossini-Ouvertüren auf, was zeigt, wie eng Kunst und Gebrauch zusammengehörten.

JAZZ WAR AUCH DAMALS SCHON IN DEUTSCHLAND KEINE SONDERLICH EINTRÄGLICHE, ABER DOCH IN KLEINEM MASSE GESCHÄTZTE MARKE ...

All diese Dinge, Schlager, Unterhaltungsmusik, Jazz, das lief immer parallel. Als ich die Band The Lords aufbaute, haben sie mich freundschaftlich als »Du Jazzer« bezeichnet. Oft waren es Zufälle, wie es sie in der Musik und der Kunst immer wieder gibt. Der Bebop ist letztlich auf Kenny Clarke zurückzuführen, der ihn mit Dizzy Gillespie erfunden hat, das waren so Sachen, die man mitbekam und von denen man zehrte. Ein Zufall führte auch dazu, dass Gigi Campi zum ersten Mal eine Aufnahme mit zwei Schlagzeugern ansetzte. Zuvor gab es eine Produktion, bei der Kenny Clarke nicht dabei war, weil er in Spanien einen Vertrag hatte. Da haben wir überlegt, wen wir als Ersatz nehmen können, und ich habe mich mit Nat Peck auf Kenny Clare verständigt, weil ich mit ihm in London zusammengearbeitet hatte und wusste, was für ein relaxter Typ er war. Die Band war begeistert von Clare, der ein anderes Schlagzeug spielte und eine ganz andere Klang- und Spielauffassung hatte, er war ein reiner Big-Band-Schlagzeuger. Später ging es darum, Kenny Clarke und Kenny Clare zusammenspielen zu lassen, was ein gewisses Risiko war, vor allem aber eine sehr reizvolle stilistische Entscheidung. Bei einem Open-Air-Konzert in Prag haben die beiden zum ersten Mal öffentlich miteinander gespielt, da war was los! Sie haben 20 Minuten improvisiert, der eine gab das Thema vor, der andere spielte es nach, sie antworteten jeweils aufeinander. Das ist für mich Jazz. Da war nichts aufgeschrieben, sie haben gespielt, was sie im Moment erfanden.

WAR DIES DAS ALLEIN-STELLUNGSMERKMAL DER CLARKE – BOLAND BIG BAND?

Das war ihr zweites Markenzeichen. Das erste war von Beginn an der markante Sound von Francy Boland, der ausschließlich ein Alt als erstes Saxophon im Satz, 1 as, 3 ts, 1 bar, besetzte. Es waren nicht immer dieselben Leute, die da gespielt haben, die Band wurde immer wieder neu zusammengestellt. Vier Köpfe aber blieben dieselben: Francy Boland, Kenny Clarke, Jimmy Woode und eben Derek Humble als alleiniger Altsaxophonist. Ansonsten wurde das Orchester immer mal wieder umbesetzt, mit Benny Bailey etwa oder mit Musikern von Edelhagen. Insgesamt aber war das Orchester wie eine Familie. Die Musiker haben sich gefreut, sich nach ihren Tourneen wiederzusehen, und ihre eigenen Auffassungen und Spielweisen dem Big-Band-Sound untergeordnet. Sie bekamen die Noten hingelegt und spielten sie, es gab auch keinen Dirigenten. Vieles wurde nur einige Mal angespielt, so auch das Stück »Chinatown«, eine alte Nummer von Jean Schwartz, die Francy neu arrangierte, wobei er vorne das Thema abgeschnitten hatte. Das Stück entstand für Kurt Edelhagen, und zwar für die berühmte Tournee des Orchesters im Mai 1964 nach Moskau, später hat er es dann umbenannt – und zwar in »Sax No End«, eine der Glanznummern der Clarke – Boland Big Band.

FÜR DEN PRÄGENDEN ALTSAXOPHON-SOUND STEHT DEREK HUMBLE ...

Bei der Clarke – Boland Big Band wurde der gesamte Klangkörper vom Altsaxophon her aufgebaut. Deshalb war Derek Humble ein wahnsinnig wichtiger Faktor, den man später nicht ersetzen konnte. Diese Bedeutung hatte er bei Edelhagen noch nicht, da gab es zwei Altisten, und Derek hat seinen normalen Job gemacht. Außerdem wurde die Musik bei Edelhagen nicht so sehr auf eine Person hin geschrieben. Das haben wir erst bei Clarke – Boland so gemacht, und das habe ich später auch bei der WDR Big Band durchgesetzt. Der Komponist, der für ein Orchester schreibt und arrangiert, sollte die Musiker kennen. Die meisten haben dann von vornherein die Namen auf die Partitur geschrieben, um klarzumachen, wer das spielen soll. Das hat Heinz Gietz auch für die Unterhaltungsmusik so gemacht, beispielsweise für die ZDF-Revue »Musik ist Trumpf«. Jedenfalls war Derek Humble für die Clarke – Boland Big Band existenziell. Nach seinem Tod 1971 hatten wir den ebenfalls hervorragenden Phil Woods, der aber eine ganz andere Stilistik hatte. So wurde die Platte mit Stan Getz die letzte von Clarke – Boland, danach haben wir entschieden, dass wir nicht mehr zusammenkommen. Derek Humble fehlte.

AUF FOTOGRAFIEN VOM ORCHESTER, ABER AUCH AUF PLATTENHÜLLEN HAT MAN DEN EINDRUCK EINER HOCH KONZENTRIERTEN GEMEINSCHAFT VON MUSIKERN UND TECHNIKERN ...

Die meisten Plattenhüllen hat Heinz Bär gemacht, der kam wie viele andere von der Werkschule, die kannten sich alle untereinander, auch den Chargesheimer. Ich hatte am ehesten mit Bär zu tun und mit Roberto Patelli, der viele

Sahib Shihab (Saxophon), Erik van Lier (Bassposaune) und Fats Sadi (Conga)
Köln, 1967

Altsaxophonist Derek Humble
im Rhenus-Studio, Köln, 1967

Plattenhüllen für die EMI grafisch gestaltete. Er war ein guter Freund von Gigi Campi. Ansonsten haben wir halt damals so ausgesehen, immer ordentlich, mit weißem Hemd und Krawatte und so. Viele Fotografen haben uns aufgenommen, nicht nur die Musiker, und wenn Chargesheimer ein Foto gemacht hat, auf dem ich zu sehen bin, dann war mir das gar nicht bewusst. Fotografen gehörten einfach dazu. Ich habe auch 25 Jahre lang in Berlin gearbeitet, in der Philharmonie, die ganzen Konzerte der Berliner Jazztage für Joachim-Ernst Behrend. So kannte ich die Musiker, die auftraten und sich quasi in Köln wiederfanden. Da waren immer Fotografen dabei, in Berlin wie auch in Köln. Das gibt es heute immer noch, wobei die Medien anders geworden sind, was wiederum die Ästhetik veränderte. Wir haben ganz anders angefangen, komplett analog. Ich hatte nur meine Bänder, die waren wie Schnürsenkel, und zwei Spuren. Wenn in der Musik etwas nachträglich zu korrigieren war, konnten wir das nicht einfach neu spielen lassen. Dann habe ich zwei Aufnahmen kombiniert, und zwar mitten im Chorus, wofür man ein musikalisches Verständnis haben musste. Nach der Aufnahme haben wir noch um halb drei in der Nacht geschnitten, ich höre noch Kenny, wenn er anfing: »Hey, Wolf ...«

Aber das wurde fertiggemacht, ich hatte ja alles noch im Kopf. Das war pures Handwerk. Man konnte auch keine Noten zugrunde legen, die gab es nun mal nicht, wenn jemand die Musik gerade erst in diesem Moment erfunden hatte. Immerhin hat sie untendrunter ihre Form, die Basslinien beispielsweise, die durch bestimmte Harmonievorgaben definiert sind.

GIGI CAMPI HAT SICH SEHR EXPONIERT VON CHARGESHEIMER FOTOGRAFIEREN LASSEN ...

Er war halt ein sehr guter Selbstdarsteller, hat aber auch wirklich vieles gemacht – und dann gesagt, er habe alles gemacht. Da haben die Musiker gelacht, das aber selbstredend akzeptiert. Denn Campi war der Einzige, der bewiesen hat, wie man mit einer privaten Big Band gegen eine Rundfunkband auftreten und sich durchsetzen kann. Das hatte da seine Grenzen, wo das Geld nicht mehr reichte. Gigi aber hat die Musiker zusammengestellt, einige von ihnen kamen von Edelhagen, wo er sich die Besten aussuchte. Dank Gigi entwickelte sich von Beginn an ein bestimmtes Denkvermögen, wie man Musik übersetzen will. Wir haben dann gemeinsam dafür gesorgt, dass die Musik klanglich und vor allem auch klangtechnisch gut herüberkam. Dafür brauchte die Band so etwas wie einen Abhörkapellmeister, der dieselbe Kompetenz wie ein Kapellmeister hatte, und der wurde dann ich.

Sahib Shihab (vorn), Nat Peck, Gigi Campi, Francy Boland und Wolfgang Hirschmann
im Rhenus-Studio in Köln, 1967

»SAX NO END«
PLATTENAUFNAHME, 1967

Die im Rhenus-Studio eingespielten Stücke der Kenny Clarke – Francy Boland Big Band wurden im Juni 1967 bei dem Label SABA veröffentlicht. Die Aufnahmen zählen heute zu den kraftvollsten Platteneinspielungen der Combo. Der titelgebende Song »Sax No End« wurde von Francy Boland arrangiert. Nach brillantem Saxophonsolo, angetrieben von der Rhythmusgruppe, spielen die Saxophonisten gemeinsam drei hervorragend aufeinander abgestimmte Solochorusse, bevor sie sich im großartigen Finale mit den Blechbläsern vereinen.

Der Designer Hans Bähr griff die Dynamik der Musik in einer provokanten Covergestaltung auf. Chargesheimer, der kaum Akte fotografierte, lieferte auch für dieses Projekt die passende Fotovorlage. Gespiegelt, beschnitten, grafisch verfremdet, ist sein originales Negativ nur bei genauem Hinsehen noch erkennbar.

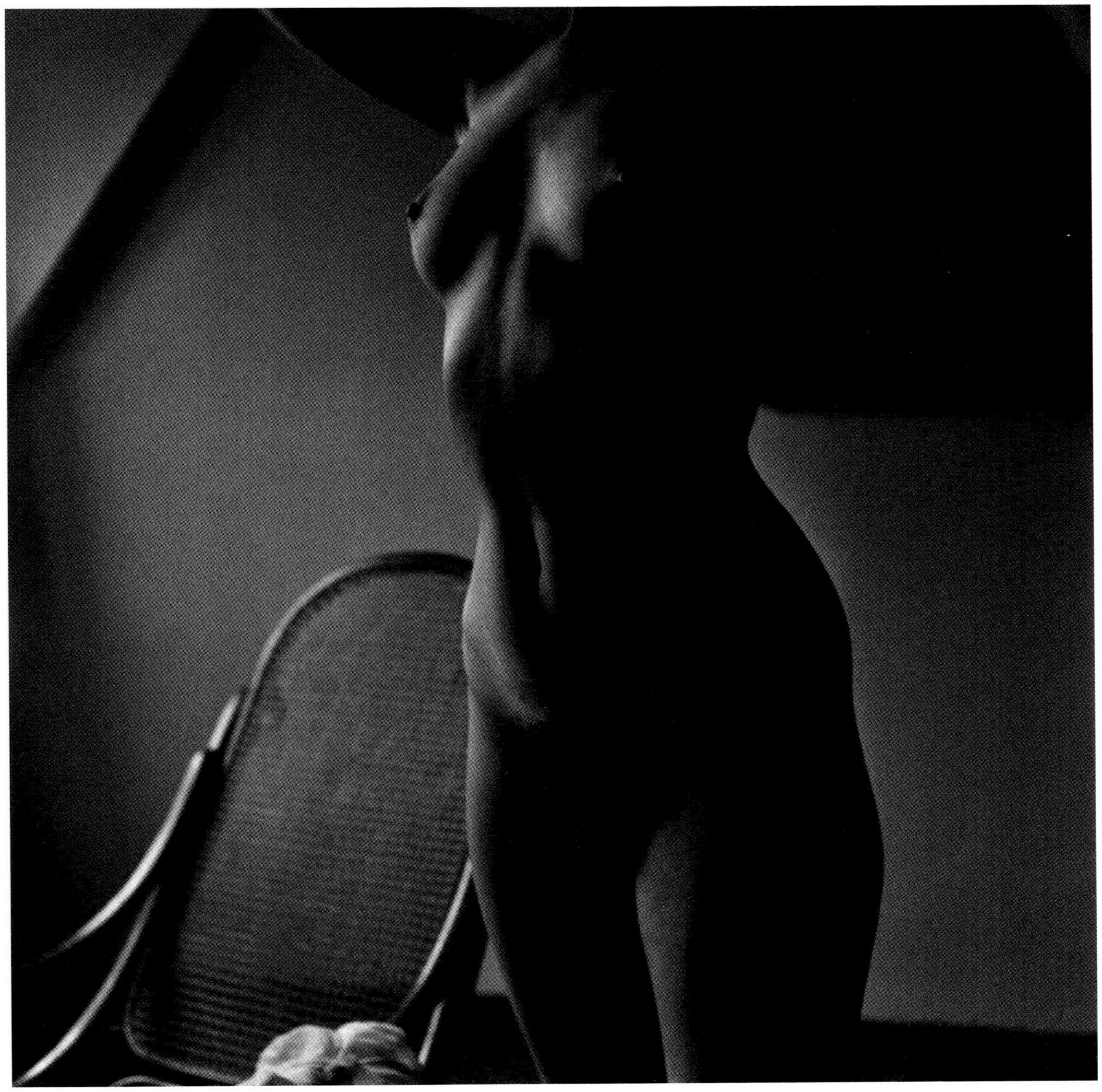

Aktstudien
um 1967

Cover der Platte »Sax No End« der Kenny Clarke – Francy Boland Big Band, 1967
Foto: Chargesheimer, Gestaltung: Hans Bähr

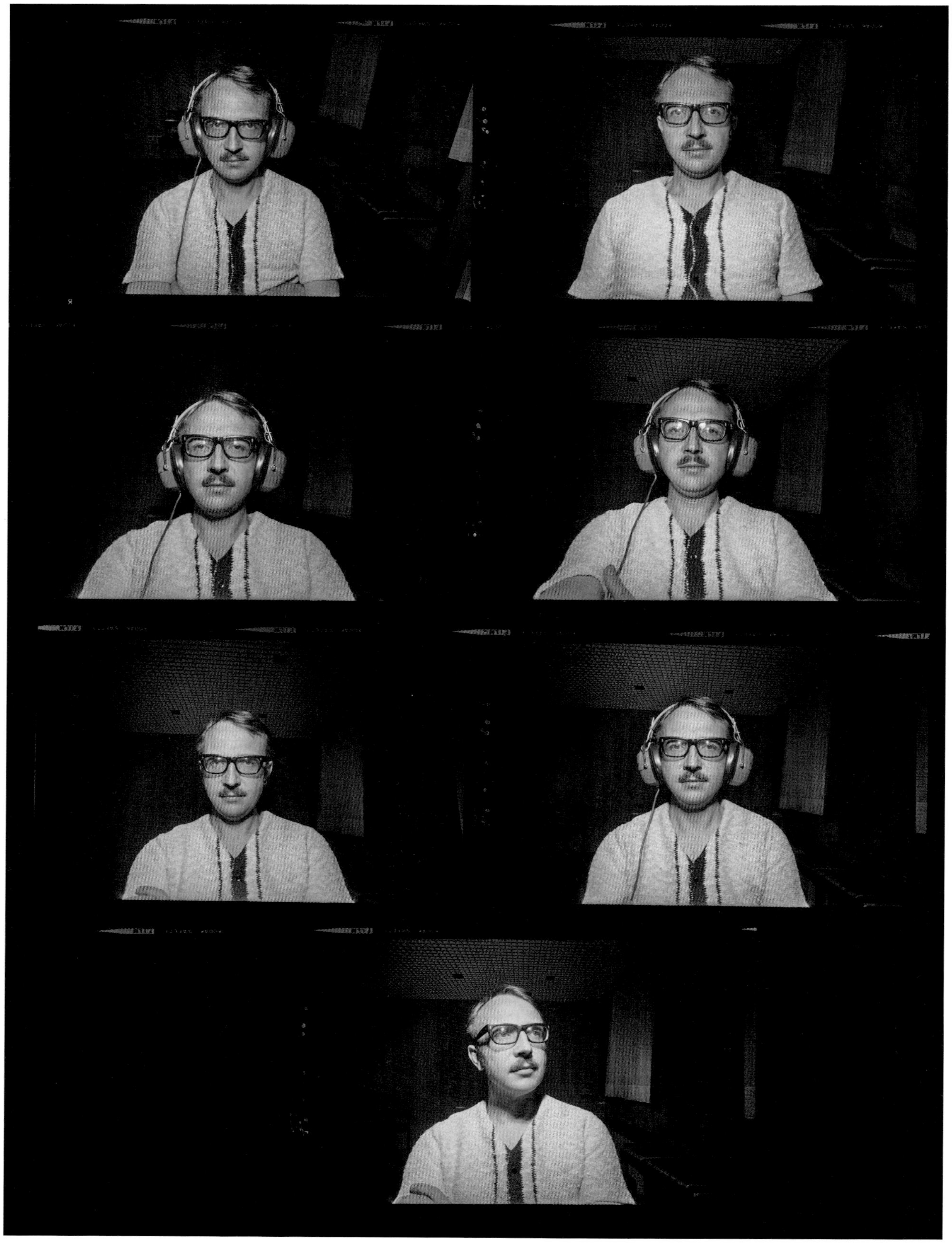

Francy Boland
Köln, um 1967

Plattencover unter Verwendung einer Chargesheimer-Aufnahme von 1967
Gestaltung: Sara Parmigiani, Milano, 2003

FRANCY BOLAND: PLAYING WITH THE TRIO
PLATTENAUFNAHME, 1968

Die 2013 in Milano bei Edizioni Ishtar aufgelegte Langspielplatte mit neun im Februar 1967 in den Lindström-Studios in Köln unter Leitung von Wolfgang Hirschmann eingespielten Titeln zeigt als Coverbild ein Foto, das Chargesheimer gemacht hat. Der zugehörige Negativfilm mit sieben Aufnahmen von Francy Boland, vermutlich 1967 im Auftrag des Produzenten Gigi Campi angefertigt, befindet sich in Chargesheimers Negativnachlass im Rheinischen Bildarchiv.

Für das Layout der Plattenhülle erhielt die Designerin Sara Parmigiani ein Foto aus Campis Privatarchiv. Mit hoher Wahrscheinlichkeit stellte erst Parmigiani den Kopf des porträtierten Pianisten in typischer Chargesheimer-Manier frei und platzierte ihn vor weißem Hintergrund.

ANHANG

Jede im Buch abgebildete Fotografie ist hier nachgewiesen, auch einige Bilder, die nicht von Chargesheimer stammen. Die Einträge folgen dem Muster:

- ▷ Seitenzahl
- ▷ Signatur des Rheinischen Bildarchiv (RBA)
- ▷ Angabe des Fotografen, wenn der Urheber nicht Chargesheimer ist
- ▷ Bildtitel
- ▷ Aufnahmedatum
- ▷ Material/Technik
- ▷ Maße (entfallen bei Digitalaufnahmen und digitalen Reproduktionen)
- ▷ Besitzer oder Leihgeber (wenn Fotografie nicht aus dem Rheinischen Bildarchiv stammt)

TITELBILD
rba_d054158_12
Louis Armstrong
aus der Mappe »Chargesheimer: Armstrong – Fitzgerald«, DuMont Schauberg, Köln, 1961
Fotolithografie
40 × 30 cm
Leihgabe aus Privatbesitz (Dr. Johanna Gummlich)

VORSATZ
rba_d054158_09
Trompete
aus der Mappe »Chargesheimer: Armstrong – Fitzgerald«, DuMont Schauberg, Köln, 1961
mit Hinzufügung der Signatur von Chargesheimer
Fotolithografie
40 × 30 cm
Leihgabe aus Privatbesitz (Dr. Johanna Gummlich)

rba_cch005411_06
Hans Koller (Saxophon) und Bill Russo (Posaune)
Fotocollage
Köln, um 1955
Filmnegativ
6 × 9 cm

VORSPANN
Frontispiz S. 2
rba_d056504
Chargesheimer: Selbstporträt mit Hut und Kamera
Köln, undatiert
Rheinisches Bildarchiv Köln, Reproduktion einer Postkarte aus Privatbesitz

S. 4
rba_cch006118_011
Karl Sanner
Schlagzeuger,
Köln, 1954
Filmnegativ
6 × 6 cm

S. 6/7
rba_cch006106_05
Chet Baker im Börsensaal in Köln
1955
Filmnegativ
6 × 6 cm

S. 8/9
rba_cch003612_10
Caterina Valente mit Musikern des Orchesters Kurt Edelhagen bei einer Konzertprobe in Hamburg
1957/58
Filmnegativ
6 × 6 cm

S. 10/11
rba_cch003614_04
Ella Fitzgerald im Gürzenich
Köln, 1957
Filmnegativ
6 × 6 cm

GRUSSWORT
S. 12/13
rba_cch000460_01
Chargesheimer: Selbstporträt am Klavier
Köln, um 1961
Filmnegativ
6 × 9 cm

S. 14/15
rba_cch003603_kont
Kenny Clarke, Studioaufnahmen
Köln, um 1961
Negativfilm

TEXT GUMMLICH
S. 17
rba_d053990
Die 47 Schuhkartons, in denen Chargesheimers Negativarchiv aufbewahrt war
Rheinisches Bildarchiv Köln, Foto: Marc Weber, 2020
Digitalaufnahme

S. 19 links
rba_d056468_04
Aufbewahrung des Chargesheimer-Negativbestands im neuen Negativmagazin des Rheinischen Bildarchivs
Rheinisches Bildarchiv Köln, Foto: Marion Mennicken, 2021
Digitalaufnahme

S. 19 Mitte
rba_d056468_02
Aufbewahrung des Chargesheimer-Negativbestands im neuen Negativmagazin des Rheinischen Bildarchivs
Rheinisches Bildarchiv Köln, Foto: Marion Mennicken, 2021
Digitalaufnahme

S. 19 rechts
rba_d056468_03
Aufbewahrung des Chargesheimer-Negativbestands im neuen Negativmagazin des Rheinischen Bildarchivs
Rheinisches Bildarchiv Köln, Foto: Marion Mennicken, 2021
Digitalaufnahme

S. 20
rba_d001651_02
Ausstellungsdokumentation »Chargesheimer. Bohemien aus Köln. 1924–1971« mit Chargesheimer-Porträts von Charles E. Fraser
Rheinisches Bildarchiv Köln, Foto: Britta Schlier, 2007
Digitalaufnahme

S. 21
rba_026699
Sortierung von Chargesheimers Negativbestand im RBA-Lesesaal am Kattenbug, 2004
Rheinisches Bildarchiv Köln, Foto: Sabrina Walz, 2004
Digitalaufnahme

S. 22/23
rba_cch003598_03
Schlagzeugstudie mit Kenny Clarke
Köln, um 1961
Filmnegativ
6 × 9 cm

TEXT BERTRAM-NEUNZIG
S. 24
rba_d056480
Negativtaschen aus dem Chargesheimer-Nachlass mit originalen Beschriftungen
Rheinisches Bildarchiv Köln, Foto: Marc Weber, 2022
Digitalaufnahme

S. 25
rba_cch006108_12
Johnny Fischer, Bassist
Köln, 1955
Filmnegativ
6 × 6 cm

S. 26
rba_d056479
Cover der Box »Mod Records Cologne – Gigi Campi: Jazz in West Germany 1954–1956«
Rheinisches Bildarchiv Köln, digitale Reproduktion

S. 27 links
rba_cch005007_ 02_inv
Josephine Baker, Negativ
Köln, 1954
Filmnegativ
6 × 6 cm

S. 27 Mitte
rba_cch005007_02
Josephine Baker, Positiv
Köln, 1954
Filmnegativ
6 × 6 cm

S. 27 rechts
rba_L010545_69
Josephine Baker, aus: Zwischenbilanz 1961, Abb. 74
Aufnahme: Köln, 1954
Vintage Print
39,7 × 29,6 cm
Museum Ludwig, Köln, ML/F 1977/0152

S. 28/29
rba_cch005483_07
Hans Koller's New Jazz Stars im Eiscafé Campi auf der Hohe Straße
Köln, um 1954/56
Filmnegativ
6 × 6 cm, Ausschnitt

S. 30
rba_cch000448_01
Francy Boland und Kenny Clarke, Gründer und Leader der Kenny Clarke – Francy Boland Big Band
Köln, 1961
Filmnegativ
6 × 6 cm

S. 31 links
rba_d054158_11
Ella Fitzgerald
aus der Mappe »Chargesheimer: Armstrong – Fitzgerald«, DuMont Schauberg, Köln, 1961
Fotolithografie
40 × 30 cm
Leihgabe aus Privatbesitz (Dr. Johanna Gummlich)

S. 31 rechts
rba_d054158_06
Louis Armstrong
aus der Mappe »Chargesheimer: Armstrong – Fitzgerald«, DuMont Schauberg, Köln, 1961
Fotolithografie
40 × 30 cm
Leihgabe aus Privatbesitz (Dr. Johanna Gummlich)

S. 33
rba_cch000449_ 01_var
Kenny Clarke, Studioaufnahme
Köln, um 1961
Filmnegativ
6 × 6 cm

S. 34/35
rba_cch003608_03
»Klook« in Aktion
Studioaufnahme mit Kenny Clarke
Köln, um 1961
Filmnegativ
6 × 9 cm

TEXT VON ZAHN
S. 36
rba_cch005485_01
Hans Koller bei einer Jam-Session im Eiscafé Campi
Köln, 1954/56
Filmnegativ
6 × 6 cm

S. 37
rba_cch005483_01
Roland Kovac im Eiscafé Campi
Köln, 1954/56
Filmnegativ
6 × 6 cm

S. 38
rba_cch003612_03
Woody Herman signiert für den Jazzkritiker Joe Schevardo
Köln, 1954
Filmnegativ
6 × 6 cm

S. 39
rba_cch006115_01
Gene Wright auf der Europatournee »Jazz Club USA« in der Messehalle V in Köln-Deutz, 1954
Filmnegativ
6 × 6 cm

S. 40
rba_d055067_03
Plakat zu einem Konzert von Sidney Bechet mit der André Réwéliotty-Band und Kansas Fields am 16. April 1958 im Kölner Gürzenich
Rheinisches Bildarchiv Köln, digitale Reproduktion

S. 41
rba_d055068_03
Plakat für ein »Concert in Modern Jazz« Gigi Campis mit Chet Baker und seinem Quartett sowie Hans Koller und seinem Quintett am 9. Oktober 1955 im Kölner Börsensaal
Rheinisches Bildarchiv Köln, digitale Reproduktion

S. 42
rba_cch000456_07_var
Gigi Campi, Francy Boland, Wolfgang Hirschmann und Åke Persson im Rhenus-Studio in Köln-Godorf
1967
Filmnegativ
6 × 6 cm

S. 43
rba_006119_kont_detail
Eisdielenbesitzer und Jazz-Impresario Pierluigi »Gigi« Campi
Köln, 1954
Filmstreifen von Film RBA CCH 6119/4-5

S. 44
rba_cch005424_04
Ralph Burns aus Woody Herman's Third Herd, Williamsbau
Köln, 1954
Filmnegativ
6 × 6 cm

S. 45
rba_cch005424_01
Bill Perkins aus Woody Herman's Third Herd, Williamsbau
Köln, 1954
Filmnegativ
6 × 6 cm

CHARGESHEIMER
S. 47
rba_d050990
Chargesheimer: ohne Titel (Selbstporträt)
um 1970
Vintage Print, 39,7 × 29,8 cm
Museum Ludwig, Köln, ML/F 1994/0064

AUFTAKT
SWING UND BEBOP IN DER NACHKRIEGSZEIT
S. 49
rba_cch006114_11
Frank Boogie Sergeant, Trompeter der Chic Combo
Köln, um 1954
Filmnegativ
6 × 6 cm

S. 50
rba_cch005420_01
George Maycock, Bandleader der Chic Combo
Köln, um 1954
Filmnegativ
6 × 6 cm

S. 51 links
rba_cch006114_12
Noel George Gillespie, Bassist der Chic Combo
Köln, um 1954
Filmnegativ
6 × 6 cm

S. 51 rechts
rba_cch006116_11
Frank Boogie Sergeant, Trompeter der Chic Combo
Köln, um 1954
Filmnegativ
6 × 6 cm

S. 52
rba_d055067_01
Peter Fischer: Die Chic Combo im Hotel Kosmopolit, Schildergasse 75
Köln, am 16. September 1950
Rheinisches Bildarchiv Köln, digitale Reproduktion aus:
R. v. Zahn: Jazz in Köln 1997, S. 20

S. 54
rba_cch06104_07
Owen Big Fletchit Campbell, Schlagzeuger der Chic Combo
Köln, um 1954
Filmnegativ
6 × 6 cm

S. 55
rba_cch006116_02
José Chombo Silva, Tenorsaxophonist der Chic Combo
Köln, um 1954
Filmnegativ
6 × 6 cm

COOL JAZZ IN KÖLN
DIE KÖLNER JAZZSZENE 1954–1956
S. 56
rba_cch005473_04
Hans Koller bei einer Jam-Session im Eiscafé Campi
Köln 1954/56
Filmnegativ
6 × 6 cm

S. 59
rba_713530
Karl-Hugo Schmölz: Das Eiscafé Campi auf der Hohe Straße 134b
Köln, 1950er Jahre
Glasnegativ
13 × 18 cm

S. 60
rba_cch006120_04
Gigi Campi zusammen mit Joki Freund
Köln, 1954
Filmnegativ
6 × 6 cm

S. 62/63
rba_cch006120_kont
Gigi Campi, Attila Zoller (Gitarre), Joki Freund (Saxophon), Karl Sanner (Schlagzeug) und Jutta Hipp (Sängerin, Piano)
Köln, 1954
Negativfilm

S. 64/65
rba_cch006119_kont
Fotosession bei Mod Records
Jutta Hipp und Gigi Campi
Köln, 1954
Negativfilm

S. 66
rba_cch006118_05
Jutta Hipp
Köln, 1954
Filmnegativ
6 × 6 cm

S. 67 links
rba_cch006118_04
Jutta Hipp
Köln, 1954
Filmnegativ
6 × 6 cm

S. 67 rechts oben
rba_cch006119_08
Jutta Hipp
Köln, 1954
Filmnegativ
6×6 cm

S. 67 rechts unten
rba_cch006119_06
Jutta Hipp
Köln, 1954
Filmnegativ
6×6 cm

S. 69
rba_cch006118_03
Jutta Hipp
Köln, 1954
Filmnegativ
6×6 cm

S. 71
rba_cch006105_02
Hans Koller, Tenorsaxophonist
Köln, 1955
Filmnegativ
6×6 cm

S. 72
rba_cch005222_kont
Hans Koller in der Bohème am Eigelstein
13. August 1955
Negativfilm

S. 73
rba_d055067_02
Peter Fischer: Jam-Session in der Bohème am 5. Mai 1956 mit Oscar Klein, Willy Meerwald, Bill Grah, Beryl Bryden und Fatty George
Rheinisches Bildarchiv Köln, digitale Reproduktion aus:
R. v. Zahn: Jazz in Köln 1997, S. 56

S. 74
rba_cch0052227_7a
Hans Koller in der Bohème am Eigelstein
13. August 1955
Filmnegativ
6×6 cm

S. 75
rba_cch005411_06
Collage aus Fotografien von Hans Koller (Saxophon) und Bill Russo (Posaune)
Köln, um 1955
Filmnegativ
6×9 cm

S. 76 links
rba_cch005473_05
Roland Kovac am Klavier
Köln, 1954/56
Filmnegativ
6×6 cm

S. 76 rechts
rba_cch005480_01
Franz »Shorty« Roeder am Bass
Köln, 1954/56
Filmnegativ
6×6 cm

S. 77
rba_cch005483_07
Hans Koller's New Jazz Stars im Eiscafé Campi auf der Hohe Straße
Köln, um 1954/56
Filmnegativ
6×6 cm

S. 78
rba_cch005485_02
Publikum bei einer Jam-Session im Eiscafé Campi
Köln, 1954/56
Filmnegativ
6×6 cm

S. 79 links
rba_cch005420_ 05
Roland Kovac am Klavier
Köln, 1954/56
Filmnegativ
6×6 cm

S. 79 rechts
rba_cch005483_10
Albert Mangelsdorff an der Posaune
Köln, 1954/56
Filmnegativ
6×6 cm

S. 80
rba_cch005482_07
Konzertpause, Eiscafé Campi
Köln, 1954/56
Filmnegativ
6×6 cm

S. 81 links oben
rba_cch005482_06
Jazz-Session im Eiscafé Campi, Publikum
Köln, 1954/56
Filmnegativ
6×6 cm

S. 81 rechts oben
rba_cch005482_03
Jazz-Session im Eiscafé Campi, Rudi Sehring
Köln, 1954/56
Filmnegativ
6×6 cm

S. 81 links unten
rba_cch005482_05
Jazz-Session im Eiscafé Campi, Roland Kovac
Köln, 1954/56
Filmnegativ
6×6 cm

S. 81 rechts unten
rba_cch005482_08
Jazz-Session im Eiscafé Campi, Publikum
Köln, 1954/56
Filmnegativ
6×6 cm

S. 82/83
rba_cch006107_kont
Lars »Lasse« Gullin, Baritonsaxophonist
Köln, 1956
Negativfilm

S. 84
rba_cch006101_03
Lee Konitz in Chargesheimers Atelier
Köln, 1956
Filmnegativ
6×9 cm

S. 87
rba_d055714
Lee Konitz, 1956
Vintage Print
39,7×30,2 cm
Museum Ludwig, Köln, ML/F 1982/0825

S. 89
rba_cch006109_06
Rudi Sehring (Schlagzeug) und Johnny Fischer (Bass) im Jazzkeller am Botanischen Garten in Köln-Riehl
1955
Filmnegativ
6×6 cm

S. 91
rba_cch006109_kont
Rudi Sehring und Johnny Fischer im Jazzkeller am Botanischen Garten in Köln-Riehl
1955
Negativfilm

S. 92
rba_cch006108_kont_inv
Rudi Sehring im Jazzkeller am Botanischen Garten in Köln-Riehl, Filmstreifen im Negativ
1955
Negativfilm RBA CCH 6108/1-9

S. 93
rba_cch006108_kont
Rudi Sehring im Jazzkeller am Botanischen Garten in Köln-Riehl, Filmstreifen im Positiv
1955
Negativfilm RBA CCH 6108/1-9

S. 94
rba_cch006108_05
Rudi Sehring
Köln, 1955
Filmnegativ
6×6 cm

S. 95
rba_d040325
Plattencover der Single »Rhythm and Something More«, Mod Records, BMEP 06021 mit dem Rudi Sehring Trio
Köln, 28. Juli 1955
Foto: Chargesheimer, Gestaltung: Wolfgang Raquet
Rheinisches Bildarchiv Köln, digitale Reproduktion

S. 96
rba_cch006120_kont_detail
Attila »Schiwi« Zoller, Gitarrist
1955
Negativfilm RBA CCH 6120/5-6

S. 97
rba_d055071_01
Plattencover der Single »Attila Zoller: Shivi Guitar«, Mod Records, BMPE 0601
Köln, 28. Juli 1955
Foto: Chargesheimer, Gestaltung: Wolfgang Raquet
Rheinisches Bildarchiv Köln, digitale Reproduktion

GASTKONZERTE INTERNATIONALE STARS 1953–1959

S. 99
rba_d054158_15
Louis Armstrong
aus der Mappe »Chargesheimer: Armstrong – Fitzgerald«, DuMont Schauberg, Köln, 1961
Fotolithografie
40 × 30 cm
Leihgabe aus Privatbesitz (Dr. Johanna Gummlich)

S. 100
rba_L010545_69
Josephine Baker
Köln, 1953
Vintage Print
39,7 × 29,6 cm
Museum Ludwig, Köln, ML/ F 1977/0152

S. 101 links
rba_cch005007_kont_detail_inv
Josephine Baker, Tänzerin und Jazzsängerin, Köln, 1953, Filmstreifen im Negativ
Negativfilm, Detail

S. 101 rechts
rba_cch005007_kont_detail
Josephine Baker, Tänzerin und Jazzsängerin, Köln, 1953, Filmstreifen im Positiv
Negativfilm, Detail

S. 102
rba_cch003612_05
Woody Herman
Köln, 1954
Filmnegativ
6 × 6 cm

S. 104
rba_cch005426_05
Woody Herman mit seiner Band im Williamsbau
Köln, 1954
Filmnegativ
6 × 6 cm

S. 105
rba_cch005425_kont_detail
Musiker der Third Herd
Köln, 1954
Negativfilm CCH 5425, Detail

S. 106
rba_cch005425_ 04
Woody Herman mit seiner Third Herd im Williamsbau
Köln, 1954
Filmnegativ
6 × 6 cm

S. 107
rba_cch005421_06
Ralph Burns (Klavier) und Woody Herman (Klarinette)
Köln, 1954
Filmnegativ
6 × 6 cm

S. 108
rba_d048811
Woody Herman
Köln, 1954
Vintage Print
30,3 × 39,8 cm
Museum Ludwig, Köln, ML/F 1982/0735

S. 109 links
rba_cch005424_05
Woody Herman
Köln, 1954
Filmnegativ
6 × 6 cm

S. 109 Mitte
rba_cch005425_05
Woody Herman
Köln, 1954
Filmnegativ
6 × 6 cm

S. 109 rechts
rba_cch005424_08
Woody Herman
Köln, 1954
Filmnegativ
6 × 6 cm

S. 110
rba_cch005425_03
Billie Holiday
Köln-Deutz, Messehalle V
1954
Filmnegativ
6 × 6 cm

S. 111
rba_cch006116_09
Gene Wright am Bass
Köln, 1954
Filmnegativ
6 × 6 cm

S. 112
rba_cch005421_05
Gene Wright (Bass) und Buddy DeFranco (Klarinette)
Köln, 1954
Filmnegativ
6 × 6 cm

S. 113
rba_cch005486_04
Sonny Clark am Klavier
Köln, 1954
Filmnegativ
6 × 6 cm

S. 114
rba_cch006116_06
Red Norvo (Vibraphon) und Red Mitchell (Bass)
Köln, 1954
Filmnegativ
6 × 6 cm

S. 115
rba_cch006115_09
Gene Wright hinter der Bühne
Köln, 1954
Filmnegativ
6 × 6 cm

S. 116
rba_d054806_detail_01
Billie Holiday
Köln, 1954
Originaler Kontaktabzug von Chargesheimer
6 × 6 cm

S. 118
rba_d054807_detail
Billie Holiday
Köln, 1954
Originaler Kontaktstreifen von Chargesheimer

S. 119
rba_L011058_20A
Billie Holiday mit ihrem Lebensgefährten und Manager Louis McKay
Köln, 1954
Vintage Print in Privatbesitz
Rheinisches Bildarchiv Köln, digitale Reproduktion

S. 120 links
rba_d054806_detail_02_spieg
Billie Holiday
Köln, 1954
Originaler Kontaktabzug von Chargesheimer
Rheinisches Bildarchiv Köln, gespiegelt
6 × 6 cm

S. 120 rechts oben
rba_d054806_detail_03
Billie Holiday
Köln, 1954
Originale Kontaktstreifen von Chargesheimer

S. 120 rechts unten
rba_d054806_detail_04_spieg
Billie Holiday
Köln, 1954
Originaler Kontaktabzug von Chargesheimer
Rheinischen Bildarchiv Köln, gespiegelt und beschnitten
6 × 6 cm

S. 121
rba_d056142
Billie Holiday, Vokalistin
Köln, 1954
Vintage Print
39,8 × 29,8 cm
Museum Ludwig, Köln, ML/F 1981/1157

S. 123
rba_d055087
Chet Baker
Köln, um 1955
Vintage Print
29,7 × 39,5 cm
Kölnisches Stadtmuseum

S. 124
rba_cch006106_Kont
Chet Baker mit Band und Hans Koller bei den »Concerts in Modern Jazz« im Kölner Börsensaal
1955
Negativfilm

S. 125
rba_cch006106_09
Chet Baker mit Band im Börsensaal 1955
Köln
Filmnegativ
6 × 6 cm

S. 126
rba_d055070_01
Sidney Bechet, aus: Zwischenbilanz 1961, Abb. 80
Aufnahme: Köln, 1957
Rheinisches Bildarchiv Köln, digitale Reproduktion

S. 128 links oben
rba_cch005012_03
Sidney Bechet in Köln
1957
Filmnegativ
6 × 6 cm

S. 128 links unten
rba_cch005012_01
Sidney Bechet in Köln
1957
Filmnegativ
6×6 cm

S. 128 rechts
rba_cch005012_05
Sidney Bechet in Köln
1957
Filmnegativ
6×6 cm

S. 129
rba_cch005012_ 02_kont_detail
Sidney Bechet mit der André Réwéliotty-Band im Kölner Gürzenich
1957
Negativfilm RBA CCH 5012/02

S. 130
rba_cch005012_ 02
Sidney Bechet bei der Fotosession 1957 in Köln
Filmnegativ
6×6 cm

S. 131
rba_cch005012_ 04
Sidney Bechet, Saxophonist und Klarinettist
Köln, 1957
Filmnegativ
6×6 cm

S. 132 links
rba_cch006103_01
Duke Ellington, Komponist, Pianist und Bandleader
Köln, 1959
Filmnegativ
6×6 cm

S. 132 rechts
rba_cch006103_02
Duke Ellington
Köln, 1959
Filmnegativ
6×6 cm

S. 133 links
rba_cch006103_03
Duke Ellington
Köln, 1959
Filmnegativ
6×6 cm

S. 133 rechts
rba_cch006103_04
Duke Ellington
Köln, 1959
Filmnegativ
6×6 cm

S. 134
rba_d054158_14
Ella Fitzgerald
aus der Mappe »Chargesheimer: Armstrong – Fitzgerald«, DuMont Schauberg, Köln, 1961
Fotolithografie
40×30 cm
Leihgabe aus Privatbesitz (Dr. Johanna Gummlich)

S. 136 links oben
rba_cch003614_01
Ella Fitzgerald im Kölner Gürzenich
1957
Filmnegativ
6×6 cm

S. 136 links unten
rba_cch003614_03
Ella Fitzgerald im Kölner Gürzenich
1957
Filmnegativ
6×6 cm

S. 136 rechts
rba_cch003614_02
Ella Fitzgerald im Kölner Gürzenich
1957
Filmnegativ
6×6 cm

S. 137
rba_cch003619_kont_detail
Ella Fitzgerald im Kölner Gürzenich
1957
Negativfilm, RBA CCH 3619/1-9

S. 139
rba_d054158_16
Louis Armstrong
aus der Mappe »Chargesheimer: Armstrong – Fitzgerald«, DuMont Schauberg, Köln, 1961
Fotolithografie
40×30 cm
Leihgabe aus Privatbesitz (Dr. Johanna Gummlich)

S. 140
rba_cch003613_08
Louis Armstrong und die All Stars im Kölner Gürzenich
1959
Filmnegativ
6×6 cm

S. 141
rba_cch003613_kont_detail
Louis Armstrong und die All Stars im Kölner Gürzenich
1959
Negativfilm RBA CCH 3613/1-6

S. 142
rba_d054158_02
Deckblatt der Mappe »Chargesheimer: Armstrong – Fitzgerald«, DuMont Schauberg, Köln, 1961
Fotolithografie unter Verwendung einer Fotocollage
40×30 cm
Leihgabe aus Privatbesitz (Dr. Johanna Gummlich)

S. 144
rba_d054158_03
Louis Armstrong und Ella Fitzgerald
aus der Mappe »Chargesheimer: Armstrong – Fitzgerald«, DuMont Schauberg, Köln, 1961
Fotolithografie einer Fotocollage
40×30 cm
Leihgabe aus Privatbesitz (Dr. Johanna Gummlich)

S. 145
rba_d054158_03_spieg
Ella Fitzgerald und Louis Armstrong
aus der Mappe »Chargesheimer: Armstrong – Fitzgerald«, DuMont Schauberg, Köln, 1961
Fotolithografie einer Fotocollage
40×30 cm
Leihgabe aus Privatbesitz (Dr. Johanna-Gummlich)

S. 146
rba_d054158_10
Ella Fitzgerald
aus der Mappe »Chargesheimer: Armstrong – Fitzgerald«, DuMont Schauberg, Köln, 1961
Fotolithografie
40×30 cm
Leihgabe aus Privatbesitz (Dr. Johanna Gummlich)

S. 147
rba_d054158_04
Louis Armstrong
aus der Mappe »Chargesheimer: Armstrong – Fitzgerald«, DuMont Schauberg, Köln, 1961
Fotolithografie
40×30 cm
Leihgabe aus Privatbesitz (Dr. Johanna Gummlich)

S. 148
rba_d054158_08
Louis Armstrong
aus der Mappe »Chargesheimer: Armstrong – Fitzgerald«, DuMont Schauberg, Köln, 1961
Fotolithografie
40×30 cm
Leihgabe aus Privatbesitz (Dr. Johanna Gummlich)

S. 149
rba_d054158_17
Ella Fitzgerald
aus der Mappe »Chargesheimer: Armstrong – Fitzgerald«, DuMont Schauberg, Köln, 1961
Fotolithografie
40×30 cm
Leihgabe aus Privatbesitz (Dr. Johanna Gummlich)

S. 150
rba_d054158_13
Louis Armstrong
aus der Mappe »Chargesheimer: Armstrong – Fitzgerald«, DuMont Schauberg, Köln, 1961
Fotolithografie
40×30 cm
Leihgabe aus Privatbesitz (Dr. Johanna Gummlich)

S. 151
rba_d054158_18
Ella Fitzgerald
aus der Mappe »Chargesheimer: Armstrong – Fitzgerald«, DuMont Schauberg, Köln, 1961
Fotolithografie
Leihgabe aus Privatbesitz (Dr. Johanna Gummlich)

KÖLNER BIG BANDS IN DEN 1950ER/60ER JAHREN

S. 153
rba_cch000457_08
Musiker der Kenny Clarke – Francy Boland Big Band im Rhenus-Studio
Köln, 1967
Filmnegativ
6×6 cm

S. 154
rba_cch005481_06
Harald Banter Ensemble
Köln, 1950er Jahre
Filmnegativ
6×6 cm

S. 155 links
rba_cch005481_07
Harald Banter Ensemble
Köln, 1950er Jahre
Filmnegativ
6 × 6 cm

S. 155 rechts
rba_cch005473_08
Harald Banter Ensemble
Köln, 1950er Jahre
Filmnegativ
6 × 6 cm

S. 156
rba_cch005474_ kont_detail_01
Fotosession mit dem Harald Banter Ensemble
Köln, 1950er Jahre
Negativfilm, Detail

S. 157
rba_cch005473_kont_detail
Fotosession mit dem Harald Banter Ensemble
Köln, 1950er Jahre
Negativfilm, Detail

S. 158 links
rba_cch006110_05
Die Altsaxophonisten Franz von Klenck (Mitte) und Paul Biste (rechts)
Hamburg, um 1957/58
Filmnegativ
6 × 6 cm

S. 158 rechts
rba_cch006110_07
Johnny Feigl (Baritonsaxophon) und Paul Biste (Altsaxophon)
Hamburg, um 1957/58
Filmnegativ
6 × 6 cm

S. 159
rba_cch006110_01
Kurt Edelhagen bei einer Probe seines Orchesters im Funkhaus Hamburg
um 1957/58
Filmnegativ
6 × 6 cm

S. 160
rba_cch006111_05
Otto Bredl
Hamburg, um 1957/58
Filmnegativ
6 × 6 cm

S. 161
rba_cch006111_04
Die Posaunisten Erich Well und Otto Bredl
Hamburg, um 1957/58
Filmnegativ
6 × 6 cm

S. 162 links
rba_cch003612_10
Caterina Valente bei einer Probe im Funkhaus Hamburg, rechts der Tenorsaxophonist Paul Martin
um 1957/58
Filmnegativ
6 × 6 cm

S. 162 rechts
rba_cch003612_09_inv
Caterina Valente bei einer Probe im Funkhaus Hamburg
um 1957/58
Filmnegativ
6 × 6 cm

S. 163
rba_d055731
Caterina Valente
Hamburg, um 1957/58
Vintage Print
21 × 21 cm
Museum Ludwig, Köln, ML /F 1982/1335

S. 165
rba_cch000447_05
Billie Poole, Francy Boland, Kenny Clarke und Jimmy Woode
Köln, 1961
Filmnegativ
6 × 6 cm

S. 166/167
rba_cch000450_05
Kölner Dreigestirn: Kenny Clarke, Gigi Campi und Francy Boland, Gründer und Leader der Kenny Clarke – Francy Boland Big Band
Köln, 1961
Filmnegativ
6 × 9 cm

S. 168
rba_cch003601_04
Kenny »Klook« Clarke, Schlagzeuger und Bandleader
Köln, 1961
Filmnegativ
6 × 9 cm

S. 169
rba_cch003604_09
Kenny Clarke am Schlagzeug
Köln, um 1961
Filmnegativ
6 × 6 cm

S. 170
rba_cch003610_02
Schlagzeugstudie mit Kenny Clarke
Köln, um 1961
Filmnegativ
6 × 6 cm

S. 171
rba_cch003603_04
Studioaufnahme von Kenny Clarke
Köln, um 1961
Filmnegativ
6 × 6 cm

S. 172
rba_cch003602_kont_detail
Schlagzeugstudien mit Kenny Clarke
Köln, um 1961
Negativfilm, RBA CCH 3602/1-3

S. 173 oben
rba_cch003598_01
Schlagzeugstudie mit Kenny Clarke
Köln, um 1961
Filmnegativ
6 × 9 cm

S. 173 Mitte
rba_cch003598_03
Schlagzeugstudie mit Kenny Clarke
Köln, um 1961
Filmnegativ
6 × 9 cm

S. 173 unten
rba_cch003611_04
Schlagzeugstudie mit Kenny Clarke
Köln, um 1961
Filmnegativ
6 × 9 cm

S. 174
rba_cch003602_ 02
Schlagzeugstudie mit Kenny Clarke
Köln, um 1961
Filmnegativ
6 × 6 cm

S. 175
rba_cch003596_kont_detail
Schlagzeugstudien mit Kenny Clarke
Köln, um 1961
Negativfilm RBA CCH 3596/10-12

S. 176
rba_cch003595_02
Schlagzeugstudie mit Kenny Clarke
Köln, um 1961
Filmnegativ
6 × 6 cm

S. 177
rba_cch003594_08
Schlagzeugstudie mit Kenny Clarke
Köln, um 1961
Filmnegativ
6 × 6 cm

S. 179
rba_cch000457_01
Studiosession im Rhenus-Studio mit Sahib Shihab und Derek Humble (im Vordergrund), im Hintergrund von links nach rechts: Nat Peck, Erik van Lier und Fats Sadi
Köln, 1967
Filmnegativ
6 × 6 cm

S. 180/181
rba_cch000459_02
Im Rhenus-Studio in Köln-Godorf
1967
Filmnegativ
6 × 9 cm

S. 182/183
rba_cch000459_01
Im Rhenus-Studio in Köln-Godorf
1967
Filmnegativ
6 × 9 cm

S. 183/184
rba_cch000451_07
Die Saxophonisten der Kenny Clarke – Francy Boland Big Band im Rhenus-Studio: Sahib Shihab, Derek Humble, Ronnie Scott, Karl Drewo, Johnny Griffin
Köln, 1967
Filmnegativ
6 × 9 cm

S. 186
rba_cch000458_06
Sahib Shihab und Åke Persson (Posaune), links am Bildrand Johnny Griffin
Köln, 1967
Filmnegativ
6 × 9 cm

S. 187
rba_cch000455_06
Der Komponist und Pianist Francy Boland
Köln, 1967
Filmnegativ
6 × 9 cm

S. 188
rba_cch000456_kont_detail_01
Regieraum im Rhenus-Studio in Köln-Godorf
1967
Negativfilm CCH 456/1-6

S. 189
rba_cch000456_kont_detail_02
Regieraum im Rhenus-Studio in Köln-Godorf
1967
Negativfilm CCH 456/7-12

GESPRÄCH HIRSCHMANN
S. 190
rba_cch000456_03_var
Sahib Shihab (Rückansicht), Gigi Campi, Åke Persson, Fats Sadi und Wolfgang Hirschmann im Rhenus-Studio
Köln, 1967
Filmnegativ
6 × 6 cm

S. 191
rba_cch000452_06_var
Der Posaunist Nat Peck in Aktion
Köln, 1967
Filmnegativ
6 × 6 cm

S. 192
rba_cch000457_05_var
Benny Bailey (Trompete) und Shake Keane
Köln, 1967
Filmnegativ
6 × 6 cm

S. 193
rba_cch000452_07_var
Sahib Shihab (Saxophon), Erik van Lier (Bassposaune) und Fats Sadi (Conga)
Köln, 1967
Filmnegativ
6 × 6 cm

S. 194
rba_cch000452_04_var
Altsaxophonist Derek Humble im Rhenus-Studio
Köln, 1967
Filmnegativ
6 × 6 cm

S. 195
rba_cch000456_10_var
Sahib Shihab (vorn), Nat Peck, Gigi Campi, Francy Boland und Wolfgang Hirschmann im Rhenus-Studio
Köln, 1967
Filmnegativ
6 × 6 cm

S. 197 links
rba_cch005217_kont_detail
Aktstudien
um 1967
Negativfilm RBA CCH 5217/7-9

S. 197 rechts
rba_cch005217_08
Aktstudie
um 1967
Filmnegativ
6 × 6 cm

S. 198
rba_cch005217_08 _spieg
Aktstudie
um 1967
Filmnegativ
Rheinisches Bildarchiv Köln, gespiegelt und beschnitten
6 × 6 cm

S. 199
rba_d055065_01_detail
Plattencover »Sax No End« der Kenny Clarke – Francy Boland Big Band
1967
Foto: Chargesheimer; Gestaltung: Hans Bähr
Leihgabe aus Privatbesitz
Rheinisches Bildarchiv Köln, digitale Reproduktion

S. 200
rba_cch000461_kont
Francy Boland
Köln, um 1968
Negativfilm

S. 201
rba_d056478
Plattencover »Francy Boland: Playing with the Trio« unter Verwendung einer Chargesheimer-Aufnahme von 1967
Gestaltung: Sara Parmigiani Milano, 2003
Leihgabe aus Privatbesitz
Rheinisches Bildarchiv Köln, digitale Reproduktion

S. 211
rba_d023575
Charles E. Fraser: Chargesheimer bei L. Fritz Gruber
um 1951

S. 212
rba_cch000459_ 06
Im Rhenus-Studio in Köln-Godorf
1967
Filmnegativ
6 × 6 cm

NACHSPANN
S. 215
rba_cch003612_01
Bill Perkins
Köln, 1954
Filmnegativ
6 × 6 cm

S. 216/217
rba_cch003598_01
Schlagzeugstudie mit Kenny Clarke
Köln, um 1961
Filmnegativ
6 × 9 cm

S. 218/219
rba_cch006121_04
Sidney Bechet mit der André Réwéliotty-Band im Kölner Gürzenich
1957
Filmnegativ
6 × 9 cm

S. 220
rba_cch006111_03
Die Posaunen des Orchesters Kurt Edelhagen
um 1957/58
Filmnegativ
6 × 6 cm

RECHTE KLAPPE
rba_d050990
Chargesheimer: ohne Titel (Selbstporträt)
um 1970
Vintage Print
Museum Ludwig, Köln, ML/F 1994/0064

RÜCKSEITE
rba_d054158_03_spieg
Ella Fitzgerald und Louis Armstrong
aus der Mappe »Chargesheimer: Armstrong – Fitzgerald«, DuMont Schauberg, Köln, 1961
Fotolithografie einer Fotocollage
40 × 30 cm
Leihgabe aus Privatbesitz (Dr. Johanna Gummlich)

LITERATUR

Bertram-Neunzig, Evelyn: Chargesheimer. Porträt von Musikern des Cool Jazz, in: Johanna Gummlich (Hg.): 90 Jahre Rheinisches Bildarchiv. Fotografien für Köln und die Welt, Katalog zur gleichnamigen Ausstellung im Kunsthaus Rhenania 2016, Rheinisches Bildarchiv Köln, Köln 2016.

Chargesheimer: Zwischenbilanz, mit Texten von Karl Pawek, Georg Ramseger, Franz Roh, Rudolf Sommer, Druck: Gebrüder Kopp, Köln, Greven Verlag, Köln 1961.

Eßer, Torsten: Ein Panamaer in Düsseldorf. George Maycock in memoriam, in: Jazz Podium, 10/2004.

Gottschalk, Micha (Hg.): Mod Records Cologne – Gigi Campi: Jazz in West Germany 1954–1956, Box mit 5 Vinyl-LPs 10", 6 Vinyl-EPs 7", 4 CDs, Hardcover-Buch zur Geschichte des Labels, BE! Jazz, 2014.

Hennessey, Mike: Erinnerungen an KLOOK. Das Leben von Kenny Clarke, mit Diskografie auf CD-ROM, übersetzt von Christel Menges, Hannibal Verlag, Höven 2004.

Hery: Gigi Campi presents ... Baker plus Koller in Köln, in: Jazz Podium, November 1955.

Holzinger, Gisela; Ramseger, Georg: Chargesheimer 1924–1971, Verlag Benedikt Taschen, Köln 1990.

Kölner Stadt-Anzeiger vom 20. August 1951.

Mißelbeck, Reinhold (Hg.): Chargesheimer. Photographien 1949–1970, Katalog zur gleichnamigen Ausstellung im Museum Ludwig 1983, Kiepenheuer & Witsch, Köln 1983.

Nass, Karl-Heinz: Heimat Panama. Wahlheimat Deutschland, in: Jazz in Wort und Bild. Schlagzeug, Berlin 1960, Nr. 1 (29).

Rywelski, H.: Interview nach Ladenschluß, Jazz Podium, August 1955, in: Micha Gottschalk (Hg.): Mod Records Cologne, 2014.

Schevardo, Joe: Chargesheimer, Jazz und die Dietrich, in: Chargesheimer persönlich. Zum 65. Geburtstag am 19.5.1989 des Kölner Photographen, Bühnenbildners, Regisseurs und Lichtkinetikers, Ausstellungskatalog, Museum Ludwig (Hg.), Köln 1998.

Sound. Mitteilungsblatt des Jazzclub Köln, Nr. 1, Oktober 1955.

von Dewitz; Bodo: Chargesheimer. Bohemien aus Köln, in: Bodo von Dewitz (Hg.): Chargesheimer. Bohemien aus Köln, Köln 2007.

von Zahn, Robert: Jazz in Köln seit 1945. Konzertkultur und Kellerkunst, Historisches Archiv der Stadt Köln (Hg.), Köln 1997.

von Zahn, Robert: Campiana – ein Stück vor dem Beat. Pierluigi Campi zum 70. Geburtstag am 15.12.1998, Verlag Dohr, Köln 1998.

von Zahn, Robert: Musik umgeben von Schwärze. Chargesheimers Jazz-Fotografien, in: Bodo von Dewitz (Hg.): Chargesheimer. Bohemien aus Köln, Museum Ludwig, Greven Verlag, Köln 2007.

Chargesheimer bei L. Fritz Gruber
um 1951
Foto: Charles E. Fraser

DANK

Die Präsentation der Jazzfotografien von Chargesheimer im Rahmen einer Ausstellung war ursprünglich für August/September 2021 geplant. Doch die erschwerten Rahmenbedingungen im sogenannten »Corona-Jahr« brachten kurzfristig eine Absage des weit vorangeschrittenen Projekts.

Dass diese Ausstellung dennoch nunmehr an prominentem Ort im neu errichteten Bau des Historischen Archivs und des Rheinischen Bildarchivs am Eifelwall gezeigt werden kann, bereichert um einen wunderbaren Begleitband aus dem Emons Verlag, ist dem großen Engagement vieler Beteiligter zu verdanken.

Mein Dank gilt zuerst der Leiterin des Rheinischen Bildarchivs Dr. Johanna Gummlich, die mit großem Interesse beide Projekte anregte und begleitete. Ganz besonders danken möchte ich den Fotografinnen und Fotografen des Rheinischen Bildarchivs unter der Leitung von Michael Albers. Die Aufnahmen Chargesheimers liegen überwiegend als unveröffentlichte Negative im Mittelformat vor. Von diesen haben sie in gewohnt hoher Qualität alle benötigten Digitalisate angefertigt, wobei besonders unsere Auszubildende Benita Ruster in bewundernswerter Weise den Überblick über alle benötigten Aufnahmen für beide Projekte behielt. In der digitalen Feinretusche erhielt sie Unterstützung durch Oliver Esser, Marleen Scholten, Nina Siefke und Anja Wegner. Beschnitt und Tonwertangleichung aller Scans erfolgten durch Britta Schlier, einige Neuaufnahmen und Reproduktionen fertigten Marion Mennicken, Sabrina Walz und Marc Weber an. Nikos Choudetsanakis und Anna Christine Wagner verdanke ich aufschlussreiche Hinweise auf Chargesheimers Arbeitsweise in der Dunkelkammer.

Laura Hennecke M.A. recherchierte nach Hinweisen zu Konzertauftritten berühmter Jazzmusiker in alten Ausgaben des Kölner Stadt-Anzeigers und verzeichnete die Chargesheimer-Fotografien in der Bilddatenbank www.kulturelles-erbe-koeln.de. Dafür gilt ihr mein herzlicher Dank, ebenso dem Jazztrompeter Manfred Schoof und dem Fotografen Eusebius Wirdeier für wertvolle Hinweise zu Musikern und Spielstätten. Dr. Letha Böhringer und Hartlieb Romeick teilten von Beginn an meine Faszination an dem Thema in vielen Gesprächen, Texten, Korrekturarbeiten, Schallplattenerwerbungen und beim gemeinsamen Hören von Jazz. Von dieser Begeisterung wurden auch die Autorinnen und Autoren Dr. Johanna Gummlich, Wolfgang Hirschmann, Horst Peter Koll und Prof. Robert von Zahn getragen, die mit ihren aufschlussreichen Beiträgen den vorliegenden Band bereichern. Ihnen allen gilt mein ganz besonderer Dank, wie auch dem Verleger Hejo Emons, der zusammen mit seinem Team die Entstehung und Drucklegung der Publikation realisierte.

Die konstruktive Zusammenarbeit mit der Lektorin Hannah Naumann und dem Grafiker Ralf Reiche war mir stets eine große Freude. Ohne ihr großes Engagement und ihr wunderbares Einfühlungsvermögen in die Materie hätte das Buch nicht in dieser Form Gestalt gefunden.

Last but not least danke ich in besonderem Maße den beteiligten Kölner Museen für ihre kollegiale Zusammenarbeit, besonders Dr. Miriam Szwast, Kuratorin der fotografischen Sammlung des Museum Ludwig sowie der Leiterin der Graphischen Sammlung des Kölnischen Stadtmuseums Dr. Rita Wagner. Erst der Vergleich zwischen den in ihren Sammlungen befindlichen Chargesheimer-Vintage-Prints mit den zugehörigen Negativen des Rheinischen Bildarchivs erschloss Chargesheimers Arbeitsweise und förderte ein neues Verständnis für seine fotografische Kunst. Auf diese Weise konnte ein Schatz gehoben werden, der die Sensibilität Chargesheimers für den musikalischen Aufbruch in Köln in den Tagen des Cool Jazz zur Anschauung bringt und in unsere Zeit trägt.

Evelyn Bertram-Neunzig, April 2022

Im Rhenus-Studio
in Köln-Godorf, 1967

IMPRESSUM

Bibliografische Information der Deutschen Nationalbibliothek

Die Deutsche Bibliothek verzeichnet diese Publikation
in der Deutschen Nationalbibliografie;
detaillierte bibliografische Daten sind im Internet über
http://dnb.d-nb.de abrufbar.

Satz und Gestaltung: Ralf Reiche,
Weusthoff und Reiche, Köln . Hamburg,
www.wundrdesign.de

Druck und Bindung: Printer Trento, Italien
Printed in Italy 2022

Dieser Band ist anlässlich der Ausstellung »Chargesheimer
fotografiert Jazz« des Rheinischen Bildarchivs Köln entstanden.

ISBN 978-3-7408-1515-8

FSC www.fsc.org MIX Papier aus verantwortungsvollen Quellen FSC® C015829

Bill Perkins
Köln, 1954

Hydrant
Gesellsc
Zimm

Schlagzeugstudie mit Kenny Clarke
Köln, um 1961

Sidney Bechet
mit der André Réwéliotty Band
im Kölner Gürzenich, 1957

Die Posaunen des Orchesters Kurt Edelhagen
um 1957/58